# 대중문화
# 이유있는 편들기

# 대중문화 이유있는 편들기

김연수

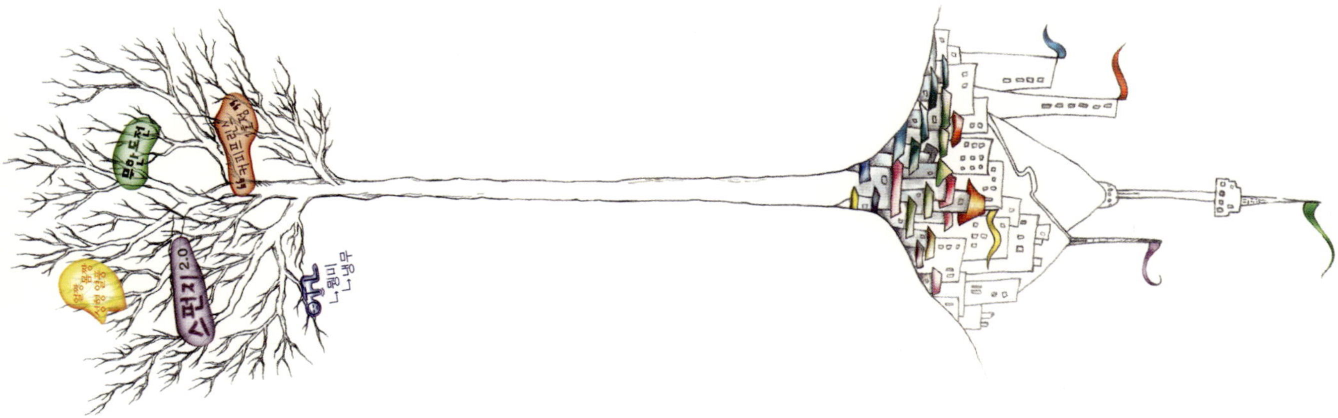

연극과인간

# 저자의 말

수년간 대중문화를 가르치고 평론해오면서 우리 사회 현상 전반에 대한 분석의 필요성을 느꼈습니다.

그런 마음으로 2년에 걸쳐 기획하고 집필해 펴낸 것이 바로 『대중문화 이유있는 편들기』입니다.

그 과정에 도움을 주신 여러분이 떠오릅니다.

먼저 책을 내는 모든 과정에서 조언해주신 단국대학교 국문학과 신종한 교수님을 비롯해 김영수, 한정한 교수님께 무한한 존경을 표합니다.

출판계 전반이 어려운 상황인데도 선뜻 이 책의 출판을 맡아주신 도서출판 연극과인간 박성복 사장님과 직원들께도 감사를 드립니다.

자료조사 등 여러 가지로 도움을 준 제자 이선호 군과 단국대 국문과 스토리텔링학술부의 명섭, 민우, 장한에게도 고마움을 보냅니다.

끝으로 일의 처음부터 끝을 주관하신 하나님과
언제나 저의 든든한 버팀목이 되어주시는 부모님께
진심으로 감사와 사랑을 전합니다.

아무쪼록 졸저 『대중문화 이유있는 편들기』가 동시대 우리 사회 문화를 이해하는데 조금이나마 도움이 됐으면 하는 바람입니다.

2010년 12월

남산에서 김연수

# 차 례

## 제2부

# 들어가며

## 왜 책을 쓰는가?

2007년 여름 우리 사회는 영화 <디워>에 관한 논쟁으로 뜨거웠다. '평론할 가치도 없는 영화'라고 비평한 평론가들과 '많은 사람들이 영화가 나름 볼만했다는데, 누가 가치 없다고 판단하는가?'라고 주장한 네티즌들 간의 설전이 오갔다.

이러한 상황을 보면서 필자는, 우리 대중문화산업은 비약적인 발전을 했지만 이에 비해 그것을 분석할 수 있는 다양한 이론들은 대중화되지 않았다는 생각이 들었다. 만약 대중들이 대중문화이론(현대에서 문화이론은 모두 대중문화 이론이다)을 조금이라도 접할 기회가 있었다면 적어도 이런 논쟁이 지상파의 심야토론 주제까지 가지 않았을 것이기 때문이다. 따라서 <디워> 논쟁이 이뤄지는 과정에서 평론가들의 비평에 대해 대부분의 네티즌들은 자신들의 주장이 옳다고 생각하면서도 그것을 이론적으로 설명하는 데는 어려워했다. 이런 상황이 안타까웠던 필자는, 문화평론가로서 네티즌들의 주장을 뒷받침해 줄 수 있는 이론적인 글을 포털사이트 <다음 아고라>에 썼다. 필자의 글은 쓴지 얼마 되지 않아 조회 수가 급증했고, 결국 <다음> 메인화면에 걸릴 정도로 대중들에게 지지를 얻으며 큰 반향을 일으켰다.

하지만 당시 한 평론가가 네티즌들로부터 집중적인 공격을 받고 있는 상황이라 자칫 필자가 쓴 글이 애초의 목적과는 다른 의도로 사용될 수 있었다. 따라서 필자는 아쉬웠지만 <다음 아고라>에서 활동하고 있는 네티즌들(아고리언들)에게 양해를 구하고, 올렸던 글을 필자의 개인 홈페이지로 옮겼다.

이처럼 대중들의 열렬한 반응을 경험한 후 필자는 그 때부터 일반 독자들도 쉽게 읽을 수 있는 실시간적인 대중문화 교양서가 필요하다는 생각이 들었다. 또 필자는 문화평론가로서 여러 미디어(지상파 TV인 SBS, MBC, KBS와 케이블 TV인 YTN STAR, KTV 그리고 라디오 SBS, YTN, EBS 등)의 다양한 문화관련 프로그램들에 참여• 하게 되면서 대중들이 자신들이 속해

---

• 2004~2005년에는 SBS-TV <금요컬처클럽>에서 공연을 소개하는 "핫 스테이지" 코너 진행, 라디오 SBS FM <시사전망대-"금요문화핫이슈코너"> 고정패널, 2006~2007년에는 MBC-TV <생방송 오늘아침> 문화관련 고정패널, 라디오 EBS FM <최홍만 박수림의 속시원한 라디오>의 "김연수 교수의 책책책! 책을 읽읍시다" 고정패널, 2007~2008년에는 SBS-TV <열린TV 시청자세상>에서 프로그램을 비평하는 "줌인 포커스" 코너 진행, 2008년도에는 KTV <책대책 행간으로 읽는 세상>, <KTV 북카페>의 진행자, 2009년(현재) TV YTN STAR 문화평론가 김연수의 <뚜껑뉴스> 진행자 및 YTN FM 라디오 <강성옥의 출발새아침>의 "김연수의 문화이슈" 고정패널로 출연 중이며 이 외에도 KBS-TV <연예가 중계>, SBS-TV <TV연예>, <모닝와이드>, <좋은 아침 플러스>, MBC-TV <생방송 오늘아침> 등 다양한 방송프로그램에서 문화평론가로 활동 중이다.

있는 대중문화에 대한 관심이 많다는 것을 알게 되었다.

따라서 현재 진행중인 대중문화현상들이 왜 일어나는지에 대한 대중들의 의문점들을 이론적으로 쉽게 풀어주기 위해 이 책을 쓰게 되었다.

### 누구를 대상으로 쓸 것인가?

누구를 대상으로 쓸 것인가. 필자는 적지 않은 고민을 했다. 그러나 지금까지 간행된 대중문화관련 서적들을 살펴보니 쉽게 그 방향을 정할 수 있었다. 많은 문화이론서들이 있지만 크게 두 부류로 나뉘었다. 한 부류는 대중문화의 이론을 소개하는 책인데, 대부분 방대한 이론 소개에 치우쳐 대학생의 수준에서 조차 온전히 이해하기 어려웠고, 또한 이론에 적용된 예조차 번역서들이 많아 외국의 사례를 모두 이해하기에는 다소 어려움이 있었다.

또 다른 한 부류는 문화이론은 빼놓고 현재 대중문화의 현상들만을 분석하였는데, 대부분 방송, 광고, 영화, 여가문화 등, 각 분야별로 하나하나의 사안들에 국한되는 분석이었다. 그래서 다양한 현상문화 현상들을 연결하고 있는, 즉 다시 말해서 문화전반을 꿰뚫는 '핵심 키워드'를 찾기에는 역부족이었다. 따라서 이 책은 대학생을 포함한 대중문화를 즐기는 일반 대중들을 대상으로 되도록이면 이해하기 쉽게 쓰고자 했다.

### 무슨 내용으로 쓸 것인가?

대중문화에 관련된 강의를 하면서 느낀 점은 많은 사람들이 문화이론에 대한 지식이 상당히 부족하다는 것인데, 그러한 근본적인 이유에는 '문화이론은 공부하기 어렵다'는 편견이 지배적이었다. 또 실제로 훌륭한 문화이론서가 있더라도 일반인들이 읽기에는 너무나 장황하고 어려웠다.

그러므로 이 책 1부에서는 대중문화란 무엇인가에 대한 정의와 대중문화를 바라보는 두 가지 관점(긍정론 및 부정론) 그리고 대표적인 대중문화이론들(구조주의 및 후기구조주의 문화론, 문화론적 연구, 포스터모더니즘 문화론)을 쉽고도 간략하게 소개하고자 한다.

이 책의 1부에서 대중문화에 대한 다양한 '이론' 부분을 소개하고자 한다면, 이 책의 2부에서는 최근 2년간 우리나라 대중문화에 나타난 다양한 '현상들'을 분석하고자 한다.

필자는 그간 문화평론가로서 다양한 인터뷰를 하면서 재미있는 사실 하나를 발견했다. 인터뷰를 하러 온 많은 사람들(기자나 작가, 혹은 PD 등)은 다양한 문화현상들－예를 들면 '성형열풍'과 '가수 故 유니의 자살' 그리고 '허당 이승기의 인기' 등－의 원인이 서로 연관되어 있지 않고 별개의 것이라고 보고 있었다. 즉, 그들은 다양한 문화현상들을 각각의 독립된 현상으로 보는 것이다.

그러나 문화는 그렇게 각기 돌아가지 않는다. 근래의 인터넷이라는 거대 그물망 안에 함께 돌아가는 'IT세상'에서는 더욱 그러하다. 그렇기 때문에 필자는 기존의 대중문화 연구자들이 주로 사용한 연구방법(분야별 다양한 각 대중문화현상에 대한 원인 분석에 치중한 방법)과 달리하여 각 문화현상들의 이면에 그것들을 관통하고 있는 '몇 개의 커다란 키워드들'인 '해체', '쌍방향', '멀티', '이미지', '자연스러움으로의 회귀'로 지금 대중문화 전반에 나타난 현상들의 원인들을 총체적으로 밝히고자 하였다.

대중문화 현상에 대한 연구는 대개 '현재 진행형'이 되어야 하기 때문에 그와 관련된 학술적인 성과물들은 다른 것들에 비해 상대적으로 취약하다. 그런데 문화주의 이론가인 윌리엄즈는 '시기가 지난 문화분석은 선별적 전통이라는 과정을 거치면서 누락되어 실제 살아있는 문화와 재구성된 문화분석 사이에는 소실되는 것이 많다'고 지적하면서 현재 우리가 직접 경험하고 있는 문화는 '특정한 시기에 특정한 장소에서 살아가고 경험하는 문화'이기 때문에 이 문화에 대해 제대로 인식하고 분석할 수 있는 사람은 '실제로 그런 감정의 구조 속에서 살아간 사람뿐'이라고 주장• 한다.

그런 점에서 이 책은 관련서적은 물론, 실시간적인 자료들(신문이나 통계, 방송 등과 같은)을 활용해 독자들이 '현재 경험하고 있는', '현재 진행 중인' 대중문화를 연구하고 있다는 점에서 그 의의를 찾을 수 있다.

하지만 이 책 역시 급변하는 문화 속에서 자유롭지 못하다. 그러므로 필자는 앞으로도 현재 진행형인 대중문화 현상에 발맞추어 실시간적인 연구를 계속해 나갈 계획이다.

---

• 이에 대해서는 이 책 2부의 문화주의 이론('윌리엄즈'편)에서 구체적으로 다루고자 한다.

# 제1부

# 제 1 장

## 대중문화가 뭐냐고 물으신다면?

현재 우리가 살고 있는 사회는 대중사회이다. 따라서 우리가 향유하고 있는 문화 역시 대중문화이다. 그렇다면 과연 대중문화란 무엇인가? "대중문화"라는 말을 그대로 풀어보면 "대중이 즐기는 문화"라고 할 수 있다. 그렇기 때문에 "대중"과 "문화"에 대한 정의가 선행되어야 "대중문화"에 대한 정의도 내릴 수 있다.

## 1. 문화

문화란 무엇인가? 원래 '문화(culture)'라는 말은 라틴어의 '경작하다, 재배하다'라는 뜻을 가진 말에서 파생되었다. 그러므로 넓은 의미에서는 '자연 그대로의 상태에 있는 어떤 것'에 반대되는 의미로서 '인간의 작용에 의해 변화되고 창조된 것'으로 이해할 수 있다. 그렇기에 문화는 '인간이 유인원의 단계를 벗어나 인간으로 진화하면서부터 이뤄낸 모든 역사의 산물'이며, 따라서 문화에 대한 정의는 '엄청나게 광범위한 인간의 산물들의 관계를 어떻게 이해하는가하는 문제와 연관'된다.[1] 그러므로 문화를 한마디로 정의를 내리는 것 역시 쉬운 문제는 아니다.

따라서 문화에 관한 몇 가지 정의 방식을 살펴보는 것이 더 현실적이라고 할 수 있을 것이다. 이에 대해 김창남은 '문화는 뛰어남으로의 문화, 문명과 문화, 예술 및 정신적 산물로서의 문화, 상징체계 혹은 생활양식[2]'으로 정의한다. 이러한 것은 레이먼드 윌리엄의 정의에서도 크게 다르지 않다. 즉, 그는 문화를 넓은 의미에서 크게 세 가지로 본다. '첫째, 지적, 정신적, 심미적 능력을 계발하는 일반과정. 둘째, 한 인간이나 한 시대 혹은 한 집단의 특정한 생활방식. 셋째, 지적 산물이나 지적 행위, 특히 예술 활동을 일컫는 것'[3]으로 정의했다.

## 2. 대중 그리고 대중사회

그렇다면 문화를 향유하는 대중이란 무엇인가? "대중"이 무엇인가에 대해 정의하려고 한다면, 대중을 출현시킨 대중사회에 대한 명확한 이해가 선행되어야만 한다. 이에 대해 강준만은 다음과 같이 설명한다.

> 19세기 초 유럽의 귀족과 지식인들은 적어도 프랑스혁명(1789~1794) 이후 그러한 대중이 정치무대에까지 등장해서 지배계급으로 점차 변모해감으로써 구제도가 붕괴하고 전통적 가치마저 파괴되지 않을까 하는 공포심을 갖고 있었다. 1850년대의 유럽과 미국에서는 이미 보통사람들로 구성된 중산계급이 별다른 무리 없이 사회에서 그들의 지배적 위치를 확립하게 되었다. 그러한 사회를 가리켜 '대중사회'라고 하는데, 이 대중사회에선 산업화와 도시화가 진행되는 가운데 커뮤니케이션 테크놀러지의 발달로 대중매체의 위력이 날로 점증하고 있었다.[4]

이렇듯, 대중사회는 정치적으로는 시민혁명, 경제적으로는 산업혁명의 결과 대중이 정치·경제·사회·문화의 모든 분야에 참여하여, 그 권력을 행사하는 사회상황 또는 사회형태이다. 여기서 이전의 사회와 변별되는 것은 그 '현대성'에 있다. 그러므로 대중사회에서의 대중문화는 오랜 역사 속에서 "현대"라는 특정한 시대에 일어난 "새로운 문화현상"으로서 그 "현대성"이 그것을 가능하게 만든 본질적인 요소인 것이다. 이러한 현대성에 대해 앤소니 기든스은 『현대성과 자아정체성』에서 "현대성은 산업주의와 자본주의라는 두 축으로 구성되었으며, 그 특징은 '시간과 공간의 분리', '탈피', 그리고 '성찰성'에 있다"[5]라고 이야기 하고 있다.

그런데 여기서 대중사회가 가지는 본질적인 요소인 "현대성"은 그것을 바라보는 시각에 따라 긍정적이고도 부정적일 수 있는데 이러한 시각은 고스란히 대중문화에 대한 긍정론과 부정론으로 반영되고 있다.

## 3. 대중문화를 보는 두 가지 관점

### 1) mass culture

대중문화를 바라보는 것은 두 가지 관점 즉, 부정적 관점과 긍정적 관점 두 가지로 나뉜다.

먼저 대중문화를 부정적으로 바라보는 관점이 있는데 영어로 '매스컬쳐(mass culture)'라고 표현된다. 여기서 '대중(mass)'은 주체성을 가지지 못한 다수를 열등한 집단으로 폄하하고, 동시에 근대 자본주의 이후, 대량복제가 가능한 매스미디어에 의해 만들어진 결과물로 인식하는 것이다. 이러한 관점은 대중이 출현한 근대사회 이전 엘리트 집단의 문화와 근대사회 이후 대량 생산된 문화를 구분하여, 고급문화는 수준 높은 뛰어난 문화인 반면 대중문화는 수준 낮은 열등한 문화라는 인식을 기본으로 하고 있다. 이러한 인식의 배경으로 존 스토리는 다음과 같이 설명한다.

> 다수의 대중문화는 항상 소수 권력층의 관심거리였다. 정치권력을 쥔 자들은 항상 권력이 없는 자들의 문화를 정치적 불안의 징후로 보고, 보호와 간섭을 통해 끊임없이 조정하고 규제해야 한다고 생각했다. 그러나 19세기에 들어와 이와 같은 관계에 근본적인 변화가 일어났다. 권력을 쥔 자들은 중요한 시기에 피지배계층의 문화를 조절하는 수단을 상실하고 말았다. (……) 그 변화를 이해하기 위해 알아야 할 두 가지 요소는 바로 산업화와 도시화이다. 이 두 현상은 대중문화를 만드는데 필요한 다른 변화들도 함께 가져왔으며, 이는 과거의 문화적 관계들과 단절되는 결정적 계기가 되었다. (……) 산업화 도시화가 문화지도를 다시 그린 것이다. 권력층 문화와 함께 누리는

> 일반문화는 더 이상 존재할 수 없었다. 이제 역사상 처음으로 도시와 산업중심지의 피지배계층만이 갖는 별도의 문화가 등장했다. 이에 두 가지 주된 원천이 있었다. 하나는 새로운 문화기업들이 영리를 위해 제공하는 문화이고, 다른 하나는 급진적인 예술가, 새로운 도시 노동계급, 중산층 개혁론자가 정치선동에 의해 만들어진 문화이다. 이렇듯 문화가 각기 다른 방향에서 전개, 발전하다 보니 문화의 융합과 사회안정이라는 전통적 개념은 위태로워졌다.[6]

다시 말해, 권력과 특권에 기반을 둔 지배계층의 입장에서는 이러한 새로운 문화현상인 대중문화는 기존의 문화를 상업적으로 해체하고 동시에 모든 형태의 문화적 권위에 대한 직접적인 도전으로 인식했다. 그렇기에, 이러한 관점에서 지배계층의 문화였던 고급문화, 엘리트문화, 순수문화는 대중문화의 상대적 개념으로서 사용된다.

이러한 관점은 우리나라 대부분의 사람들의 사고와 일맥상통한다. 즉, 평범한 다수가 즐기는 대중문화는 소수 엘리트들이 즐기는 고급문화와 비교해서 열등한 문화라고 생각한다. 예를 들면, 연극에 있어서 관객이 많이 본 연극은 그 수준이 낮아서 많은 사람들에게 공감을 주었다고 생각하는 반면, 예술성이 높은 연극일수록 그것을 이해할 수 있는 사람은 많지 않기 때문에 관객이 적은 연극공연일 경우에 완성도 높은 훌륭한 연극일 것이라고 생각한다. 이는 영화에서도 마찬가지이다. 영화 조폭마누라는 그 속에 어떤 미학적 가치를 찾을 수 없음에도 불구하고, 우리나라 영화관객의 수준 낮은 취향 때문에 수백만이 보았다고 평가한다. 반면 국제영화제에서 상을 많이 받은 영화는 훌륭한데도 그것을 이해할 수 있는 사람은 단지 소수 엘리트들 밖에 없기에 다수의 호응을 받지 못한 것이라고 생각한다.

### 2) popular culture

그러나 이와는 달리 대중문화를 긍정적으로 혹은 가치중립적으로 바라보는 관점이 있는데, 영어로 “popular culture”라고 표현된다. 여기서 대중은 “열등한” 다수가 아닌 “다양한” 다수의 사람들이 향유하는 문화로, 자본주의 이전의 민중적 문화까지도 포괄하는 문화이다. 이 관점에서는 생산자보다는 소비와 수용과정에 더 초점이 맞춰져 있다. 이에 대해 김창남은 ‘대중문화라는 현상 속에는 텍스트의 생산뿐 아니라 생산된 텍스트, 그리고 텍스트의 수용이라는 세 가지 층위가 복합되어 있다’고 강조한다.

> 이를테면 대중문화 텍스트가 생산되는 과정에 개입하는 자본과 권력의 영향력이라는 문제, 대중의 취향과 선택의 문제, 유통과정의 문제, 시장에서의 성공과 실패의 문제, 문화의 수준과 질에 관한 문제, 집단별로 나타나는 수용방식의 차이와 갈등이라는 문제 등등. 우리가 대중문화라 부르는 현상은 이렇게 다양한 문제들이 매우 복잡하게 얽히면서 다양하게 가지를 치고 있는 거대한 문제영역이라고 할 수 있다.[7]

이렇게 대중문화는 자본주의의 문화시장에서 상품으로 유통되는 모든 문화를 포함하게 되는데, 그러므로 고급문화 또는 민중문화 역시 그 성격과는 무관하게 대중집단의 일상적인 문화소비를 통해 수용되는 문화라는 점에서 대중문화의 일부분으로 포함된다. 그러므로 이러한 관점에서는 미학의 제반이 되는 이론 중 중요한 세 이론인 ‘모방’, ‘표현’, ‘형식’[8]으로는 그 가치를 발견할 수 없는 예술이라고 해도 다수가 그것을 향유했다면, 단순히 다수의 예술적 수준이 낮아서가 아닌 수용과정에서 일어난 다른 측면의 가치가 있을 것이라는 열린 시각을 지니고 있다. 예를 들어, <조폭마누라>가 수백만의 관객을 끌어들였다면, 고전적 미적가치인 ‘예술성’은 낮을 수 있다.

하지만 대중문화에서의 다른 측면의 가치, 즉 '상품가치'로서는 성공한 작품이므로 그 효용에 있어서 고급예술과 비교하여 열등하거나 쓸모없다고 보는 것은 타당하지 않다는 것이다.

# 제 2 장

## 학자들은 대중문화를 어떻게 봤을까?

## 1. 대중문화이론의 유형

앞에서 살펴본 바와 같이 대중문화는 현대사회의 필연적인 소산이라고 할 수 있다. 그러나 "현대"라는 특정한 시대에 일어난 "새로운 문화현상"으로서의 대중문화에 대한 논의는 어떤 합의점에 도달하고 있는 것은 아니다. 왜냐하면 "현대"라는 특정한 사회가 가지고 있는, 다양하고 복합적인 특성을 기반으로 생성 · 반영된 문화현상이라는 점에서, 새로운 특성인 "현대성"을 보는 다양한 이론적 관점이 가능하기 때문이다.

대중문화에 관한 많은 저서들이 문화이론에 대한 다양한 소개를 하고 있는데, 여기서는 알란 스윈지우드(A. Swingewood)의 저서 『대중문화의 신화』에서 밝힌 대중문화론의 유형화[9]를 기본으로 해 논의하고자 한다. 스윈지우드는 종래의 대중문화론을 대중사회론자들의 문화관으로 그 계보를 1) 귀족주의적 · 보수주의적 대중문화이론, 2) 네오 맑스주의적 대중문화론, 3) 다원주의적 대중문화론으로 분류한다.[10] 여기서 1) 귀족주의적 · 보수주의적 대중문화이론과 2) 네오 맑스주의적 대중문화론은 대중문화에 대한 부정론이고, 3) 다원주의적 대중문화론은 대중문화에 대한 긍정론으로 분류할 수 있다.

## 2. 대중문화이론에 대한 부정론

스윈지우드가 분류한 대중문화에 대한 부정론은, 현대사회를 대중사회로 규정하고 그에 대한 비판적 시각을 두 가지로 제시하고 있는 콘하우저(W. Kornhauser)의 『The Politics of Mass Society』에서의 카테고리[11]에 일치시키고 있다. 그의 대중사회에 대한 비판은 첫째, 프랑스 혁명과 같은 19세기 유럽사회의 혁명적 변화에 대한 반작용에 뿌리를 두고 있으며, 둘째는 20세기 특히 러시아의 프롤레타리아 혁명과 나치 독일의 전체주의 출현에 대한 반작용에 근거하고 있다. 그러므로 스윈지우드는 대중문화에 대한 부정론의 원천은 첫째, 사회 전면에 나타난 대중의 참여로 이루어진 대중사회에 대한 귀족-엘리트들의 지적 방어로서의 귀족주의적 비판이라고 할 수 있고, 둘째, 전체적 지배를 담당하는 엘리트의 등장을 앞두고 민주적 가치의 지적 방위로서의 민주주의 비판이라고 지칭한다.

다시 말해서 대중문화에 대한 부정론은 대중사회에 대한 크게 두 가지 비판적인 관점이 있는데, 하나는 대중들의 출현과 전면에 나선 것에 대한 엘리트들의 비판이고, 다른 하나는 전체주의 사회에서의 파시즘과 같은 이데올로기에 쉽게 기만당하고 복종당하는 대중사회에 대한 민주주의의 비판이다. 그러므로 스윈지우드는 대중사회에 대한 비판적 이론을 1) 초기 대중사회론 2) 전체주의로서의 대중사회론으로 분류하고 대중문화에 대한 부정론을 두 가지 유형의 대중사회론자들의 문화관으로 설명하고 있다.[12]

### 1) 19세기 초기 대중사회론—귀족주의적·보수주의적 대중문화이론

귀족적-엘리트 가치의 지적 방위문제로서 보수, 귀족주의적 시각의 대중문화론에 해당하는 초기 대중사회론자들[13] 중 대표적인 사람으로 매튜 아놀드와 리비스를 들 수 있다.

#### 매튜 아놀드(M. Arnold)

먼저 대중사회와 대중 그리고 대중문화를 부정적으로 보는 관점을 지닌 사람으로 매튜 아놀드를 들 수 있다. 그의 사상 가운데 상당 부분은 산업주의에 대한 낭만적 비판에서 유래[14]되는데,

그는 그의 저서 『문화와 무정부 상태』에서 대중사회에 대한 그의 의견을 피력한다.

> 노동자계급은 거칠고 덜 발달된 (……) 가난과 지저분함 속에서 오랫동안 반쯤 잠겨 있다가 (……) 이제 그 숨은 곳에서 나와 자신이 원하는 대로 할 수 있다는 영국인의 천부 인권을 주장하며 원하는 곳으로 행진하고, 집결하고, 멋대로 소리 지르고 부스며 우리를 당황하게 만들기 시작했다.[15]

이것은 1866~67년에 걸쳐 일어난 도시 남성 노동계급이 정식으로 정치에 진입하는 참정권에 대한 그의 시각을 보여주는 것인데, 그는 교육받지 못한 자들에게 권력을 부여한 것은 상당히 위험한 일이라고 생각한다. 왜냐하면 그에게 있어서 대중은 '거칠고 무자비한 대중', '거칠고 세련되지 않은 대중', '엄청나게 많고 비참하고 다루기 힘든 천민'으로 인식[16]되고 있기 때문이다.

그러므로 그는 19세기 일어난 역사적 변화를 '현재의 난관'으로 생각하며, 대중문화를 그의 용어로 '정치적 무질서의 징후가 보이는 무정부상태'로 규정하고 있음을 알 수 있다. 그리고 그러한 난관을 극복하기 위해서는 대중문화[17]를 제거할 소수 엘리트 문화가 있는 국가가 필요하다고 주장한다. 그에게 있어서 문화는 (1) 최선의 것이 무엇인지 알 수 있게 하는 능력이며, (2) 최선 그 자체이고, (3) 최선의 것을 정신과 영혼에 적용하는 것이며, (4) 그 최선을 추구하는 것이다.[18] 한마디로 아놀드는 문화를 "인간 사고와 표현의 정수"라고 규정한다.

> 문화란 심성과 내적 조건으로서 완벽에 대한 연구이며 (……) 이 완벽은 어떤 것을 가진다는 의미보다도 어떤 것이 되어가는 것을 뜻하며, 일련의 외적 상황에서 드러나는 것이 아니라 정신과 영혼의 내면에서 이루어지는 것이다.[19]

그러므로 그에게 있어 사회적·문화적 무질서와 쇠퇴, 즉 사회적 및 문화적 권위가 붕괴한 노동계급의 문화는 이러한 문화에 의해 통제되고 조절되어야 하는 것이다.

> 인류의 대부분은 사물들의 실상을 보려는 열정적인 요구를 결코 갖고 있지 않으며, 언제나 아주 불충분한 사상이 그들을 만족시키게 된다. 일반적인 세상사는 이런 불충분한 사상에 의지하며 또 의지할 수밖에 없다. 그러므로 누구든지 사물의 실상을 보는 사람은 자신이 매우 작은 집단 안에 있다는 것을 발견하게 될 것이지만, 결국은 그 작은 집단의 사람들이 결연한 의지로 소임을 다해야만 올바른 생각들이 존재하게 되는 것이다.[20]

그러므로 그는 대중들의 역할은 오직 엘리트들이 통제, 지도하는 방향으로 문화적인 종속이 되는 것이라고 생각한다.

> 대충 교육을 받은 다수가 아닌, 수준 높은 교육을 받은 소수가 항상 인류의 지식과 진실의 기관 구실을 해왔다. 말의 뜻을 충분히 새겨보면 지식과 진실을 결코 인류의 대다수가 획득할 수 있는 것이 아니다.[21]

### 리비스(F. R. Leavis), 리비스주의

창조적 엘리트에게 문화창조의 임무를 맡겨야 한다는 아놀드의 입장은 리비스에게 큰 영향을 끼친다. 리비스(F. R. Leavis)는 그의 문화정치학을 도입하여 1930년대의 이른바 문화적 위기에 대해 논하였다.

> 매튜 아놀드에게는 어쩌면 덜 어려운 일이었다. 나는 훨씬 더 곤경에 처해있는 오늘날의 문화를 생각한다.[22]

리비스는 아놀드가 19세기의 특징으로 규정했던 것이 20세기에도 계속 누적되어 대중문화는

'평준화와 하향화의 문화'가 되었다고 생각했다.

리비스에 의하면 19세기 이전에 영국에서는 일반문화가 존재하였는데 산업혁명 이후 이 일반문화는 두 개의 문화로 나뉘어졌다는 것이다. 하나는 소수의 문화요, 다른 하나는 대량문화이다. 소수문화는 이제 문학적 전통으로 축소된 '사고와 표현의 정수'의 가치와 기준으로 형성되는데, 이것은 교육받은 소수의 문화이다. 이와 반대로 그는 대량문화는 '교육받지 않은' 다수에 의해 소비되는 대중문화, 상업문화로 구성되었다고 말한다.[23]

리비스의 연구는 40여 년에 걸쳐 이루어졌는데, 대중문화에 대한 그의 태도는 30년대 쓴 그의 저서 『대량문명과 소수문화』, 『소설과 독자』, 『문화와 환경』의 출간과 더불어 형성되었다. 이 세 권의 책들은 대중문화에 대한 리비스주의적 태도의 기반이 되며, 리비스주의는 "문화를 지켜온 사람들은 언제나 소수였다"는 논거에 뿌리를 두고 있다.[24]

> 소수만이 과거에 있었던 최선의 인간경험을 이용할 수 있는 능력을 갖고 있으며, 바로 그들이 전통의 가장 미약하고 여린 부분을 살려서 유지한다. 그들에게 한 시대를 사는 참된 삶의 질서를 세우는 무언의 기준이 달려있다. 즉, 이것이 저것보다 가치 있다 혹은 이쪽보다는 저쪽으로 가야한다 혹은 저기보다는 여기에 중심을 두어야 한다는 감각에 달려있는 것이다.[25]

동시에 리비스주의는 대량문명과 대량문화는 전도된 모습을 띠면서 우리를 돌이킬 수 없는 혼란으로 이끌[26] 것처럼 위협하고 있다고 생각한다.

> 문화를 지켜 온 사람들은 언제나 소수였다고 나는 이미 앞에서 말한 적이 있었다. 그러나 그 소수가 지금은 적절치 않을 뿐만 아니라 오히려 적대적이기까지 한 환경에 둘러쌓여 있음을 깨닫고 있다. (……) '문명'과 '문화'는 이

제 상반되는 용어로 변하고 있다. 단순히 권위의 힘과 의미가 문화에서 떨어져나가는 것에 그치는 것이 아니라, 문명에 대한 냉담한 갈망이 의식적이든 무의식적이든 문화에 해를 끼칠 가능성이 있는 것이다.[27]

그리고 이 위협에 대해 리비스주의는 (대량문화에 대한) 대항능력을 학교에서 훈련시키도록 선언한다. 또 학교 밖에서는 의식적이고도 직접적인 노력이 진작되어 잘 무장되어야 하고 활동적인 소수가 저항의 자세를 갖춰야 한다고 주장[28]하였다.

### 2) 20세기 초 전체주의로서의 대중사회론-네오 맑스주의적 대중문화론

대중사회를 전체주의로 보고 대중문화에 대해 비판이론적 접근을 한 대중사회론자들[29] 중 대표적인 사람으로 M. 호르크 하이머, T. W. 아도르노, H. 마르쿠제를 들 수 있다. 그런데 이들은 모두 프랑크푸르트 학파의 학자들이므로 먼저 프랑크푸르트 학파의 대중문화론을 살펴보도록 하겠다.

#### 프랑크푸르트 학파의 대중문화론

1차 세계대전 이후 독일을 비롯한 서구사회에서 사회주의 혁명의 실패와 파시스트 정권의 출현을 설명하려는 프랑크푸르트 학파의 '비판사회이론'(critical theory of society)과 그들의 '문화산업론'(culture industry) 또는 '대중문화론'(mass culture)은 대중사회를 전체주의의 온상으로 보는 비판적 사회이론이나 대중문화이론의 대표적인 것이라 할 수 있다.

프랑크프루트 학파의 대중문화에 대한 연구는 1930년대 후반에서 1940년대에 걸쳐 이루어졌다. 오락산업의 특성, 매스미디어의 급속한 발달과 보급, 나치스 등 전체주의 정권에 의한 문화의 조작, 미국에서 영화·레코드 산업의 발전 등 이러한 모든 것들이 그들로 하여금 문화의 변형된 패턴을 규명하기에 이른 것이다.[30]

프랑크푸르트 학파들이 주장하는 국가자본주의나 독점자본주의 사회에서 대중문화의 기본적인 공리(axioms)는 다음과 같이 요약된다.[31]

첫째, 권력과 재산의 배분을 담당하고 있는 주역들은 소유권과 통제를 집중할 수 있는 내적 힘을 갖추며 그들의 현상유지를 위해 경제적·정치적·문화적 수단을 이용한다. 그런 결과로 문화생활의 전 영역은 개인의 의식을 통제하는 양식으로 변모된다. 동시에 문화도 산업이 된다.

둘째, 예술가들이 그들의 삶을 이어가기 위하여 그들의 노동을 판매하게 된 이래 예술도 이러한 형태의 측면, 즉 예술은 상품이 된 것이며, 오늘날의 문화의 실체는 철두철미하게 상품이라고 할 수 있다. 그 과정은 상이한 경제적 영역간의 증대된 연쇄성과 문화적 독점산업의 산업적·재정적 자본에의 의존에 의해서 악화된다.

문화산업은 비록 직접적으로 이윤을 생산할 수 없으나 그 생산품은 이와 같은 새로운 미학적 기준에 의하여 결정된다. 신속하고 높은 비율의 투자이득을 위한 경제적 필요성은 직접적으로 판매하기 위해서나 또는 판매 분위기를 조성하기 위하여 매력적인 패키지 디자인의 생산이 요구된다. 문화산업은 특정 대상물을 팔지 않으면 안되거나 혹은 이를 홍보하거나 친절 그 자체를 만들어내지 않으면 안된다.

프랑크푸르트학파의 대중문화를 바라보는 입장은 국가자본주의나 독점자본주의에서 소수권력자들의 현상유지를 위해 문화적 영역에서의 대중의 통제를 하는 수단이자, 예술적 가치보다는 이윤추구를 위해 대량생산으로 만들어진 상품으로서의 문화산업으로, 이는 '무의미, 동조, 권태, 현실로부터의 도피의 전달자'[32]를 의미한다.

### H. 마르쿠제

이처럼 프랑크푸르트 학파는 자본주의 사회에서 대중문화에 대해 인간과 문화를 상품화시키고, 인간으로 하여금 자신의 주체를 상품과 상품의 소비를 통해서 인식하게 만들고 있음을 비판하고 있는데, 마르쿠제 역시도 이러한 문화산업론의 입장에 동조하고 있다.

> 저항할 수 없는 오락, 정보산업의 산물들은 처방된 태도나 습관, 지적・감정적 반응을 통하여 소비자들을 생산자 또는 제작자와 기꺼이 묶어주거나, 또는 이들을 통해 전체와 묶어준다. 이 산물들은 주입과 조작을 통해 거짓에 무감각한 허위의식을 창출해 내고… 마침내 이것이 삶의 방식이 되도록 한다. 이 삶의 방식은 전보다 훨씬 나은 것이고, 바로 그렇게 인식되기 때문에 삶의 질적 변화를 방해한다. 결국 이미 확립된 언술체계와 행동이라는 내용의 세계를 초월하는 생각이나 희망, 목적들은 무시당하거나, 현 수준으로 끌어내려지며, 1차원적 사고와 행동의 패턴이 출현하게 된다.[33]

### T. W. 아도르노

프랑크푸르트 학파의 한 사람인 아도르노 역시 대중문화에 대해 부정적인 견해를 지니고 있다.

> 대중음악은 사람들로 하여금 현상에 융합시키는 것이 되며 청취자의 역할은 전면적으로 수동적이다. 대량생산된 음악은 일상생활의 장식품이 되며 어떠한 부정적 기능도 찾아볼 수 없는 탈인격적, 집합적으로 객관화된 예술이 된다. 또한 재즈나 추리소설과 같이 또 다른 형태의 획일적인(stereotype) 예술형태가 되어 버렸고, 마치 범죄나 비사회성이 일상생활의 규범이 된 것처럼 끊임없이 세상을 왜곡・폭로하고 한편으로는 현 질서의 필연적인 승리를 높이 외침으로써 현 체제의 질서에 대한 도전을 흐리게 만든다.[34]

이렇듯 대중문화는 예술을 탈인격적으로 만들고 동시에 세상을 끊임없이 왜곡하여, 사람들을 현 체제 질서에 도전하지 못하게 수동적으로 만드는 것이라고 비판한다. 이러한 그의 주장은 그의 논문 「문화산업 재고」에서 잘 나타나고 있다.

> 지배계급의 이데올로기는 문화산업을 통해서 노동계급의 의식을 타락시키며, 노동계급은 허위의식을 갖게 되고 자본주의적인 소비지향적 허위욕구를 갈망함으로써 결과적으로 혁명적 계급의식이나 사회주의 조직 그리고 실천을 발전시키는 이른바 혁명적 사명을 외면해 버린다.[35]

### M. 호르크 하이머

호르크 하이머는 아도르노와 함께 대중문화의 생산물과 생산과정을 논하는 『문화산업론』을 1944년에 발표[36]했는데, 이는 현대 자본주의 사회에서 대중문화와 커뮤니케이션의 중요한 역할을 인정한 비판이론에 관한 저서이다.

이 저서에서 호르크 하이머는 문화산업이 자본주의의 지배를 영속화하기 위하여 기술을 이용하고 이성을 도구화하고 그들의 문화적 표현을 상품화하는 수단과 방법이라고 주장하였다.

> 현대의 대중예술은, 19세기 중산계급의 의식이 높고 능동적인 문화와는 달리, 어떤 자율성도 결여된 일용품에 지나지 않고 소외된 노동의 세계에 탐닉하게 되고 가족의 해체에 따른 사회적 통합의 한 양식으로 기능하는 데 지나지 않게 되었다. (……) 예술은 자신의 자율성을 포기하고 (……) 공업제품과 같이 교환 가능하고 시장에서 팔릴 수 있는 소비상품으로 자리를 잡게 되었다. (……) 따라서, 문화산업은 당연하게도 자본주의에 대한 부정적 요소가 전혀 없고 미리 예정된 조화에 의하여 지배된 예술형태를 생산하게 된다.[37]

그러므로 그는 산업화된 대중문화가 인간으로 하여금 그들의 상상력과 지적 능력의 실현을 방해하고 있다고 비판한다. 이와 같이 문화산업은 민중을 소비자로 만듦으로써 그들의 자주성이나 자율성을 포기하게 만들고 무감각하게 만들며, 매스미디어의 공상적 세계 속에서 문화는 자연히 오락과 융합된다. 따라서 대중예술은 허구적 공상세계에 맹목적으로 빠져 들어가서 정상적인 정서생활에 갈등을 불러 일으키고 대중으로 하여금 복종토록 교육시키는 것이 된다.[38]

이에 대해 호르크 하이머는 자본주의적 문명의 위기로서 중요한 교육적 매개체의 하나인 가족이 급격하게 분리됨으로써 적절한 사회화 기능을 하지 못하고 있다고 주장한다. 대신 문화산업이 교육과 사회화의 기능을 대체함으로써 아동들이 문화산업이라는 전 체계를 통해서 자본주의적 이데올로기, 즉 허위의식에 물들고 있음을 비판한다.

## 3. 대중문화이론에 대한 긍정론

앞에서 살펴보았듯이 대중문화 이론에 대한 논의는 대중사회에 대한 연장선상에서 이루어졌고, 그것의 비판적인 관점에서부터 비롯되었던 것이다. 그러나 시간이 흐르면서 대중사회와 대중문화에 대한 논의는 이러한 부정론이나 비판론에 그치지 않고, 긍정론으로도 활발하게 전개되었다.

### 1) 1950년대 다원적 민주주의로서의 대중사회론

대중문화를 바라보는 이론 중 대중사회를 다원적 민주주의로서 보는 이론이 있는데, 이는 주로 1950년대 미국 사회이론가를 중심으로 제시된 대중사회와 대중문화에 대한 옹호론이라고 할 수 있다. 이 이론은 기존의 대중사회의 부정론에 대한 안티테제로 나타난 것으로 미국의 자본주의 사회체계와 가치체계를 옹호하는 지적 방어의 성격을 지니고 있다.

이렇게 다원적 민주주의로서 대중사회를 보는 진보주의적 진화이론의 대표적인 사회이론가로 에드워즈 쉴즈(E. Shils)와 다니엘 벨(D. Bell)을 들 수 있다.

### 쉴즈(E. Shills)

대중문화에 대한 긍정론을 펼친 쉴즈는 먼저 대중사회를 다원적 민주주의로 보았다. 그는 대중사회를 '새로운 질서'라고 규정하면서, 변화 이전의 사회질서에 비해 사회구성원 개개인들이 전체 사회에 대해 갖는 관점에서 더욱 근접한 의식을 갖게끔 해주고, 또 사회 안에서 동료 간의 관계에서는 그 유대가 더욱더 긴밀해졌다고 주장한다. 그 결과 역사상 처음으로 엄청나게 많은 인간 집단이 공간적으로 더욱 확장된 영역에서 비교적 구속을 받지 않고 자유로이 사는 사회의 실현이 가능해졌다고 주장한다.[39]

쉴즈는 대중사회의 새로운 특성으로 카리스마적 권위의 해체와 개인적 권리의 신장을 든다. 그러므로 새로운 사회는 지금까지 편입하지 못했던 계층과 집단들이 사회에 편입되었고, 문화적으로는 개인적 경험과 감수성에 대한 존중이 확산되면서 다양한 계층의 사람들이 자신들의 취향을 평가하고 선택할 수 있게 되었다는 것이다.

따라서 기존의 대중문화비판론자들이 주장한 대중문화의 퇴폐성과 사회를 전체주의로 만들 것이라는 이론에 대해 다음과 같이 반박한다.

> 대중문화는 우리들의 취향을 비대화하여 위험할 뿐 아니라 우리들의 감각을 야만화하기도 한다든지 혹은 대중문화는 전체주의에로의 길을 닦고 있다고 주장하는데 그렇다면 독일·이탈리아·스페인과 기타 국가들에게서 대중

들이 대중문화의 혜택을 누리기 시작하기도 전에 그들 나라에서 파시즘이 승리했다는 사실에 대하여 어떻게 생각할 것인가? 이러한 자의적인 해석들은 사변적 사회학자·실존주의적 철학자·정치평론가 그리고 문학비평가들의 생각에서 나타난다. 혼란스런 동기와 지적 훈련의 부족으로 인해서 그들의 결론이 자의적이고 멜로드라마적 성격을 갖게 되는 점을 이해할 수 있을 것이다. (……) 또한 20세기가 심각한 지적 황폐화 시대라는 생각과 이 공언된 황폐화가 불행한 현 세기의 모든 측면에 나타나는 대중문화의 산물이라는 주장도 완전히 잘못된 사고이다. 그런 현상은 18, 19세기에서도 다르지 않았다. 문제의 근원은 대중문화에 있는 것이 아니라 지식인 그들 자신에 있다. 비록 대중문화가 그런 타락에의 새로운 계기가 된다는 것이 사실일지라도, 지식인들의 사주와 부패는 새로운 것이 아니다.[40]

즉, 그에 따르면 먼저 '대중문화의 황폐화'는 20세기 대중문화만의 특성이 아닌 이미 과거 18, 19세기에도 줄곧 존재해 왔던 특성이라고 말한다.

또한 그는 대중문화가 '대중의 취향을 비대화하고 전체주위로 사회를 변화시킬 것'이라는 부정론에 대해, 미국처럼 대중사회의 성격을 가장 많이 갖춘 사회에서 먼저 나타나지 않고 오히려 비교적 후진국에 속하는 독일이나 러시아에서 먼저 전체주의가 출현했다는 점을 들어 반론을 제기하였다.

### 갠스(H. S. Gans)

갠스[41] 역시 다원주의론의 입장에서 미국과 같은 현대사회에서의 사회계층에서 다양한 취향과 미감이 공존하며 수용된다고 주장한다. 그는 사회계층에 따른 문화적 분화를 취향공중, 취향문화의 개념으로 설명한다.

더욱 중요한 것은 여러 종류의 심미적 기준들이 있어 사람들은 이들 중에서 어떤 것을 고를 기회가 공평하게 제공되어 있다는 점이다. 그에 따라 사람들은 스스로 적절한 심미적 기준의 것을 선택할 수 있게 되어 있다.[42]

그에 따르면, 소비자집단의 여가와 문화행태에서 보이는 선택들 간의 일정한 상호관계가 있는데, 이는 이 문화적 영역들이 유사한 가치나 심미적 기준을 반영하고 있기 때문이라고 주장한다. 이처럼 특정한 문화들을 선택하게 하는 가치와 기준이 갠스가 말하는 취향문화론의 기저를 이루는 것이며 공통의 기준과 미학을 가지고 유사한 문화내용을 선택하는 사람들이 이른바 취향공중을 이룬다는 것이다.[43]

그는 윌리엄 워너(W. L. Warner)의 사회계층이론을 도입, 일종의 문화계층이론을 전개하고 있는데, 그는 공중의 심미수준에 입각해서 다섯 개의 취향공중과 그들의 문화를 유형화하고 있다. 다섯 개의 취향문화는 상급문화(high culture), 중상급문화(upper-middle culture), 중하급문화(lower-middle culture), 하급문화(low culture), 준 민속하급문화(quasi-folk low culture)이다.[44]

여기서 갠스는 고급문화를 유일한 미적 기준으로 간주하면서 대중문화의 심미적 가치를 무시하는 엘리트주의적 대중문화 비판론에 대한 반론을 제기하였다. 그는 사람들이 문화를 통해 심미적 만족을 추구하고 이에 따라 문화를 선택하게 되는데, 선택하는 문화가 심미적 만족을 주었을 경우, 그들이 선택·수용하는 문화가 고급한 것이든 저급한 것이든 모두 동등한 가치가 있고 그들 수용자들에게 바람직한 것이라고 본다. 그러므로 갠스는 고급문화의 미적 기준만이 유일한 것이 아니라는 것을 강조하면서 각 취향문화의 미적가치와 기준을 인정해주어야 한다고 주장하였다.

사회는 모든 사람들이 보다 고급한 취향문화를 선택 수용할 수 있는 능력을 갖추는 데에 필요한 교육적 기회 및 기타의 기회를 최대한으로 마련할 수 있는 정책을 추구하여야 한다. 그러나 이러한 교육적 기회가 이루어질 때까지는 현재의 고등학교 교육 수준의 사람에게 대학 수준의 교육을 필요로 하는 고급문화를 선택하고 수용하기를 기대하는 것은 잘못이다. 그렇기 때문에 하위의 문화들을 희생하면서 고급한 문화만을 지키고 발전시키려는 문화 정책은 잘못된 것이다. 더 나아가서 하위의 문화공중들이 자신의 교육수준에 맞는 심미적 기준을 적용하여 문화 선택을 하는 것에 대해 비판한다든지 또는 이와 같은 교육정도나 심미적 수준이 반영되는 취향문화를 수용 향유하는 것에 대해 비판하는 것은 그릇된 것이다.[45]

이렇게 갠스는 사회 내에 존재하는 다양한 수준의 문화적 취향을 인정하고 대중문화의 다양한 취향이 나름대로 가치 있음을 주장하고 있다.

### 벨(D. Bell)

다니엘 벨은 대중사회를 다원적 민주주의로 보는 미국의 대표적인 사회학자의 한 사람이다. 그는 『이데올로기 종말』과 『탈산업사회의 도래』라는 저서를 통해 대중사회에 대한 긍정론을 전개하였다.

그에 따르면 탈산업사회에서 소비 자본주의는 방대하고 동질적이며 문화적으로 야만적인 대중을 형성시키기보다는 여러 가지 상이한 취미수준과 상이한 수용자 혹은 소비자들을 낳게 하였다는 것이다. 문화는 계층화되고 그 소비 역시 다양화 되었다고 주장하였다.[46] 탈산업사회는 참여적 사회인데, 이 사회는 지식인이나 과학자 그리고 관리자와 같이 그들의 이데올로기가 일종의 전문성이나 이윤추구가 아닌 이른바 무계급적 인간에 의하여 옛 지배계급이 교체되고 있는 사회이다. 그러므로 벨에게 있어서 대중문화는 획일화의 문화가 아닌 다양화의 문화로 인식되고 있다.

# 제 3 장

## 문화에도 구조가 있다?!
## –구조주의와 후기구조주의

그동안 서구사회는 대중을 출현시킨 산업사회에서 후기산업사회로 그리고 다시 포스트모던 사회로 변화되었다. 이러한 사회의 변화에 문화이론, 즉 대중문화에 대한 이론적 시각도 변모되고 더욱 다양해졌다. 따라서 대중문화론은 철학, 인류학, 사회학, 언어학 등 다양한 분야의 학문과 밀접하게 연관되어 있는 동시에, 그로부터 얻은 연구 결과들을 적극 수용하면서 다양한 이론들로 체계화되었다.

그러므로 대중문화라는 복합적이고 다층적인 특성에 대해 종합적인 이해를 얻기 위해서는 서구에서 이루어진 다양한 이론들을 먼저 이해할 필요가 있다. 따라서 앞으로 전개될 3, 4, 5장에서는 대중문화에 관한 중요한 논의들인 구조주의(후기구조주의를 포함한)문화론, 문화론적 연구, 포스트모더니즘 문화론의 논의들을 살펴보고자 한다.[47]

## 1. 구조주의란?

구조주의 이론은 구조주의와 후기구조주의 이론으로 나눌 수 있는데, 이들의 이론적 경향의 특성은 그들을 지칭하는 '구조'라는 말에서 찾을 수 있다. 구조란 겉으로 드러나는 표피적 현상의 밑바닥에 존재하면서 그 표피적 현상을 가능하게 하는 체계라고 할 수 있다. 따라서 구조주의 문화론은 겉으로 표현된 문화적 현상 속에 숨겨져 있는, '의미를 생산하는 구조'를 찾는데 집중하는 이론이며, 이 이론을 쉽게 이해하기 위해서는 '언어학적 이해'가 필요하다. 대표적인 구조주의자들로는 소쉬르, 레비-스트로스, 바르트 등이 있다.

### 1) 페르디낭 드 소쉬르(F. de. Saussure)

구조주의자들은 의미가 창출되는 모든 대상(어떤 문화적 텍스트나 행위)이 그 자체로 하나의 본질적인 의미를 가지고 있다고 생각하지 않고, 그 대상(텍스트나 행위)의 내부적 혹은 외부적 요소들이 맺고 있는 '관계'('구조')에 의해 그 의미가 생성된다고 본다.

이를 가장 전형적으로 보여주는 문화현상이 바로 '언어'인데, 이에 대해 언어학자 소쉬르는 다음과 같이 설명한다.

그는 먼저 언어를 '다리가 넷인 개과의 동물'이라는 '개념'(또는 '정신적 이미지')과 그것을 지칭하는 '개'라는 단어의 두 가지 구성부분으로 나눈다. 소쉬르는 전자를 기표(signifer), 후자를 기의(signified)라고 부르며, 이들 사이의 관계는 완전히 '인위적'이라고 주장한다.

다시 말해서, 기표인 '개'라는 단어자체는 다리가 넷인 개과의 동물을 지칭해야 할 아무런 필연적인 이유가 없다는 것이다. 단지 둘 사이의 관계는 순전히 오랫동안 그렇게 부르기로 한 '문화적 동의의 결과'일 뿐이다. 그러므로 개라는 말의 의미는 그 자체에 있다기보다 그와 대치될 수 있는 다른 말들과 '차이'라는 관계에서 생겨난다. 즉, 개의 의미는 고양이도 양도 닭도 '아닌' 그 어떤 것을 의미하는 것이다.

> 언어에는 뚜렷한 의미가 없는 차이만이 존재할 뿐이다. (……) 언어의 소리나 그 관념은 언어체계 성립 이전부터 존재했던 것이 아니며, 다만 이 체계로부터 나타나는 개념적·음성적 차이만 있을 뿐이다.[48]

소쉬르는 언어를 '기표'와 '기의'로 구분한 것 외에도, 언어를 '랑그(langue)'와 '파롤(parole)'로 구분하였다. '랑그'는 '언어의 체계'로, 언어를 조직하는 법칙과 관습이며, '파롤'은 '개별적 발화

(utterance)'로, 언어의 개별적 사용을 의미한다.

이렇게 소쉬르의 기표, 기의, 랑그, 파롤 등의 언어학적 개념들은 구조주의 문화론을 발전시키는데 핵심이 되었다. 다시 말해서 구조주의는 소쉬르의 언어학에서 두 가지 기본입장을 받아들였는데, 첫째는 문화 텍스트나 실천행위의 내재적 관계들, 즉 의미를 만드는 '문법'에 대한 관심이고, 두 번째는 의미란 항상 내재적인 구조가 만들어낸 선택과 조합의 관계들이 상호 교류한 결과라는 것이다. 따라서 구조주의자들은 문화적 텍스트와 행위들 또한 언어를 연구하는 것과 유사한 방식으로 연구해야 한다고 생각하며, 실제로 언어학적 개념들과 언어구조의 특성을 다양한 문화 분석에 적용하였다.

### 2) 끌로드 레비-스트로스(Claude Lévis-Strauss)

이처럼 구조주의자들이 관심을 갖는 것은 바로 모든 대상(문화적 텍스트나 작품)의 의미화를 가능하게 하는 '구조'이며, 따라서 구조주의의 과제는 의미의 생산을 지배하는 규칙과 관습들(구조)을 밝혀내는 것이다.

인류학자 끌로드 레비-스트로스는 문화를 분석하는 방법에 있어서 언어 분석방법과 신화분석 방법을 사용했다. 그는 원시사회 문화의 '무의식적 기반'[49]을 알아내는 데, 앞에서 살펴 본 소쉬르의 언어학적 개념을 도입한다. 그에게 있어 '각각의 신화'들은 잠재적 구조인 랑그를 명시화한 '파롤'의 예들로 모든 신화의 광범위한 이질성 속에서, 잠재하는 동질적인 구조('랑그'의 예)를 발견할 수 있다고 주장한다. 다시 말해서 모든 신화는 일정한 법칙과 체계를 지닌 구조로 되어 있으며, 따라서 이 구조를 이해함으로써 우리는 특정한 신화들의 의미, 즉 '수행적 가치(operational value)'[50]를 진정으로 이해할 수 있게 된다고 주장한다.

또한 신화는 언어와 마찬가지로 작용하며, 언어의 개별적 단위인 '형태소(morphemes)'나 '음소(phonemes)' 외 유사한 개별적인 '신화소(mythemes)'로 이루어져 있다. 그래서 신화소들 역시 형태소와 음소처럼 특정 패턴으로 조합될 때에만 의미를 지닌다. 그러므로 이런 관점에서 보면, 인류학자의 과제는 그 속에 잠재하는 문법, 즉 신화를 의미 있게 만드는 규칙과 규정들을 찾아내는 것임을 알 수 있다.

따라서 레비-스트로스는 모든 신화들은 비슷한 구조를 가지며, 동시에 유사한 사회적·문화적 기능을 가진다고 말한다.

> 신화적 생각은 항상 그들의 목표에 반대되는 것이 존재한다는 점을 자각함으로써 진전된다. (……) 신화의 목적은 모순을 극복할 수 있는 논리적 모델을 제공하는 데 있다.[51]

다시 말해서 신화는 세계의 문제와 모순들을 마술처럼 극복하기 위해서 만들어진 것으로 결국 현실의 문제를 상상의 이야기를 통해 해결하려는 것이라고 주장한다. 이러한 그의 신화분석은 대중문화를 연구하는 이들에게 많은 관심을 갖게 하였다.

### 3) 롤랑 바르트(R. Barthe)

롤랑 바르트는 구조주의적 시각에서 대중문화에 대한 비판론[52]을 펼쳤다. 대중문화에 대한 그의 초기연구는 의미작용의 과정, 즉 의미생산과 순환의 메커니즘에 대한 것이었다. 바르트의 프랑스 대중문화에 대한 에세이 모음집인 『신화』의 서문에서, 그는 이 저서가 두 가지 이론적 틀에 입각하고 있음을 지적한다. 하나는 이른바 대중문화의 '언어에 대한 이데올로기적 비판'이며, 또

하나는 언어의 메커니즘을 처음으로 '기호학적으로 분석'하는 것이다.[53]

바르트는 대중문화를 분석함에 있어서 '신화'의 개념을 도입했다. 그에게 있어 신화는 기호의 의미화의 과정을 통해 만들어지는 상징체계인데, 이는 지배계급의 이데올로기라고 보았다. 그에 따르면 신화는 그 사회 지배계급의 가치와 이들을 증진시키고 유지시키는 생각과 실천의 체계로서의 이데올로기를 의미한다.[54]

> 신화의 기능은 (……) 이중적이다. 무엇인가를 지적하고는 그것을 알려주며, 우리에게 무엇인가를 이해시킨 후 그것을 강요한다.[55]

따라서 대중이 신화를 만들며, 이 신화를 분석하고 비판한다는 것은 곧 대중의 의식, 대중이 갖는 이데올로기, 즉 대중문화에 대한 비판이 되는 것이다.

> 나는 언제나 혼돈되어 있는 자연과 역사를 거부하며, 말없이 진행되는 장식적 외양 이면에 숨겨져 있는 이데올로기의 남용을 찾아내고자 한다.[56]

바르트에게 대중의 의식은 자기와 다른 것을 이해하지 못하는 것으로 해석된다. 이런 다른 사람을 자기와 같은 것으로 보는 '동일성의 원리가 대중문화를 지탱한다는 것'이 바르트의 대중문화 비판의 초점이 되고 있다. 즉, 동일성의 원리에 따라서 생각하는 대중의 의식 속에서만이 신화가 성립하고, 매스미디어는 여기에 영합하지 않을 수 없다는 것이다.[57] 그러므로 신화로서의 대중문화는 오늘날 매스미디어를 매개로 해서 퍼지는 것인데, 바르트가 취급하는 미디어는 주로 신문, 잡지에 국한되며, 그것도 대중성 미디어에 한정되고 있다.[58]

또한 바르트는 '기호학의 가능성'을 정립한 소쉬르의 이론을 도입하여, 대중문화를 분석하는 데 기호학적 방법론을 적용시킨다.

> 언어는 생각을 표현하는 기호의 체계이므로 글쓰기의 체계나 청각 장애인들의 알파벳, 상징적 의식, 예의범절, 군사 신호등과도 비교할 수 있다. (……) 그러므로 사회내의 기호의 생태에 대해 연구하는 과학이 있을 수 있으며, 나는 이를 기호학이라 부른다.[59]

바르트는 신화가 만들어지고 소비되는 것은 이차적 의미작용 또는 내포적 의미의 단계라고 말한다. 그런데 '내포된 의미'는 단순히 그 이미지를 만드는 사람들에 의해서 생기는 것이 아니라, 이미 '존재하고 있는 문화적 레퍼토리 속'에서 활성화된다. 게다가 그 문화적 레퍼토리는 동질적인 집단만으로 형성되지 않으며 신화는 끊임없이 대항하는 반(反) 신화에 의해 견제 당한다. 따라서 어떤 코드가 사용되는 가는 '텍스트가 놓여진 위치'와 '역사적 시기' 그리고 '독자의 문화적 형태'에 달려 있다고 주장한다.

> 독자가 신화를 순수하게 받아들이는 이유는 그가 그것을 기호학적 체계로 보지 않고 귀납적 체계로 보기 때문이다. 기표가 기의와 일치할 때, 독자는 그것을 인과(casual)의 과정으로 보며, 이 때 기표와 기의는 자연스런 관계를 가진 것처럼 보인다. 이 혼란은 다르게 말하면, 기호학적 체계는 모두 가치의 체계이지만, 그러나 지금 신화를 읽는 사람은 그 신화에 나타난 의미화가 사실의 체계에서 연유했다고 본다. 즉, 신화는 사실적 체계로 읽혀지지만 실은 기호학적 체계인 것이다.[60]

이처럼 바르트에 의하면 신화가 역사적 의도를 자연스럽게 정당화시키며 그리고 우발적인 일을 영구화시키도록 만드는 역할을 한다는 것을 '기호학'이 보여주었다는 것이다. 요컨대, '신화의 구성은 어떤 일의 역사적인 성질을 잃기 마련이라는 것, 즉 신화 속에서의 어떤 일은 그 일이 생겼을 때를 기억하지 못한다'[61]는 것이다. 그의 말에 따르면 이것이 바로 '탈정치화된 언어행위(depoliticized speech)'라고 설명한다.

> 신화는 무엇을 부정하기 위해서라기보다는 오히려 더 옹호하는 기능을 가지고 있으며, 이 때 신화는 그 소재들을 정화시키고 순수하게 만들고 자연스럽고 영원한 것처럼 보이게끔 만들고 또 설명이 아닌 사실의 진술로 보이도록 명시화한다. (……) 역사에서 자연적 현상으로 넘어오는 데 있어서 신화의 작용은 매우 경제적이다. (……) 말하자면 인간활동의 복잡성을 없애고 (……) 또 깊이도 없기 때문에, 그것은 모순이 없는 세계, 즉 활짝 열리고 확신에 빠진 세계를 만든다. 또 그것은 사물들이 그 스스로 어떤 의미를 가지는 것처럼 보이게 하는 유쾌한 투명성을 확립해 준다.[62]

독자가 외연적 의미로부터 내포적 의미를 이끌어낼 수 있는 것은 독자가 그 의미를 읽을 때 사용할 수 있는 사회적 지식(문화적 레퍼토리)의 축적 때문이다. 이 공유된 코드들(의식적이건 무의식적이건)을 사용하지 않고서는 내포적 의미의 작용은 불가능하다. 그리고 지식은 항상 역사적이고 또한 문화적이다. 말하자면 그것은 문화에 따라서도, 또 시대에 따라서도 달라진다. 문화적 차이는 또 계층, 인종, 성별의 차이에 따라서도 나타난다.

> (의미를) 읽어내는 것은 자신의 문화와 세계에 대한 자신의 지식에 크게 의존한다.[63]
>
> 독자의 다양한 반응은 무질서한 것이 아니라, 이미지에 부여된 지식의 차이, 즉 실용적・민족적・문화적・미학적 차이에 의해 좌우된다.[64]

여기서 우리는 또다시 언어와의 유사성을 볼 수 있다. 개별적인 이미지는 파롤의 예이며, 내포적 의미의 코드는 랑그의 예이다.

이렇게 바르트의 대중문화에 대한 이론은 소쉬르(F. de. Saussure)를 기점으로 하는 구조주의적 기호이론(semiotics)에 입각한 것이며, 그것은 현대 프랑스에서 자본주의적 문화문명에 대한 비판뿐 아니라 서구문명에 대한 회의와 비판으로 나타난 것이다.

이처럼 바르트의 문화론의 공격목표는 '부르주아 규범'[65]이며, 레비-스트로스와는 달리 정치적인 입장에서의 구조적인 분석을 시도했다.

## 2. 후기 구조주의 문화론

구조주의와 후기구조주의의 이론적 차이를 명백하게 구분하는 것은 그리 쉬운 일은 아니다. 그럼에도 불구하고 그들의 차이점을 찾아보면, 구조주의가 텍스트상의 내적인 구조에 관심을 갖는 것에 비해 후기구조주의는 의미창출의 외적인 구조(사회적 과정, 계급, 성별, 인종 같은 사회적 요소, 쾌락·정신분석 등의 무의식의 영역)에 관심을 갖는다는 것이다. 다시 말해서 구조주의의 초점이 텍스트에서 수용자의 주체성의 문제로 옮겨간 것이다.[66]

이처럼 후기 구조주의자들은 '의미를 안전하고도 만족한 상태로 잡아둘 수 있는 숨겨진 구조가 있다'는 생각을 거부한다. 또한 이들은 구조주의의 핵심이론인 소쉬르의 '기표와 기의', '랑그와 파롤' 등의 개념을 근본적으로 부정한다. 따라서 흔히 우리가 텍스트의 '의미'라고 말하는 것은 해석의 해석으로 이어지는 끊임없는 흐름 가운데 한 순간의 정지일 따름일 뿐, 변화하는 것으로 파악한다.

이렇게 후기구조주의는 구조주의에 비해 한층 복잡하고 난해한 이론이라고 할 수 있는데, 대표적인 이론가들로는 자크 데리다와 미셸 푸코, 알튀세 등이 있다.

### 1) 자크 데리다(Jacques Derrida)

자크 데리다(Jacques Derrida)의 이론은 후기구조주의의 대표적인 것이라 할 수 있다. 데리다는 소쉬르의 '기호는 서로 다르다는 것 때문에 의미를 갖는다'는 기존의 구조주의 이론에 '의미는 항상 지연된다는 것', 즉 '결코 스스로를 완전히 드러내는 법이 없이 항상 동시에 존재하고 또 부재한다'는 생각을 덧붙였다. 그는 이러한 것을 설명하는 것으로 '지연시키다(defer)'와 '다르게 하다(differ)'의 두 가지 의미를 가진 '차연(差延, difference)'[67]이라는 새로운 단어를 만들어냈다.

예를 들면, 우리가 사전에서 한 단어의 뜻을 찾을 때, 우리는 끊임없는 의미의 지연을 보게 된다. 한 기표를 사전에서 찾아보면 다섯 가지 가능한 기의가 나오고, 다시 그 중 하나의 기의 역시 다시 문맥에 따라 여러 개의 기의가 나온다. 그러므로 이런 식으로 사전을 찾는다는 것은 곧 끊임없는 상호 텍스트적 의미지연을 확인하는 것이다.

이에 대해 데리다는 "기의의 의미를 고정시키지도 못하고 언제나 다시 지시하도록 만드는 기표에서 기표로 이어지는 끝없는 소개가 있을 뿐"[68]이라고 주장한다.

이 끝없는 기표에서 기표로의 지연이 일시적이나마 정지되는 것은 오직 대화를 할 때나 작품의 맥락을 읽는 경우 뿐인데, 이러한 맥락조차도 완전히 의미를 통제하는 것은 아니다. 왜냐하면 다른 맥락의 의미들에 대해 그 흔적을 동반하고 있기 때문이다. 이를테면 어떤 사람이 '아무것도 전해지지 않았다'는 문구를 보는데, 만약 그가 그 구절이 노래가사인 것을 안다면, 가게주인의 장부에서 이를 보았을 때도 그 감흥을 느낄 것이라는 주장이다.

또한 루소의 '말/글, 자연/문명이라는 양자 대립'에 대해 데리다는 그 쌍들이 순수한 반대개념이 아니라, 그것들은 각각 다른 편에 의해 자극을 받으며 궁극적으로 그것의 고유 실재와 의미는 다른 편의 부재에 의존하고 있다고 주장한다.

> "우리는 (……) 단순히 그 양자 대립을 중화시키는 것만으로는 안 된다. (……) 두 용어 중 하나는 다른 하나를 통제하며, 우월한 위치를 차지하고 있다. 반대개념을 해체하기 위해서는 그 위계질서를 무너뜨려야 한다."[69]

그러므로 그 쌍들 중 어느 한편이 다른 한편보다 특권을 가지는, 즉 우월한 위치(순수 실재라는)를 취한다고 주장한다. 말/글, 자연/문명이라는 양자 대립은 이러한 모순의 해결을 통해 해체된다. 반대편에 있는 특별한 용어는 그 의미를 얻기 위해 상대편의 의미에 의존하고 있음을 보여주고 있는 것이다.

이처럼 데리다의 문화론은 언어학에 근간을 두고 있으면서도, 소쉬르의 언어학에서 나타나는 '어느 한쪽이 우위를 차지한다고 생각'하는 '양자대립의 구조'의 모순을 해체하였다.

이러한 데리다의 이론은 대중문화연구에 적용되어 고급문화와 대중문화라는 양자 대립구조에서 어느 한쪽이 갖는 특권을 없애기 위해 구조를 해체하는데 이용된다. 특히, 다음 5장에 논의될 포스트모더니즘 이론에서의 대중문화를 바라보는 시각과 관련해서 생각해보면 더 큰 의미를 발견할 수 있다.

### 2) 미셸 푸코(Michel Paul Foucault)

후기구조주의자인 미셸 푸코는 언어가 어떻게 사용되고, 언어의 사용이 다른 사회적·문화적 행위들과 어떻게 관련되는지를 밝히고자 했다.

그에 따르면 언어의 사용이나 일반적인 문화행위는 대화 또는 다른 문화적 텍스트나 행위와의 잠재적 갈등에서 자유로울 수 없다고 주장한다. 즉, '특정 담론체계'나 '논증구조'들이 어떤 주어진 소재에 대해 '말할 내용을 정해준다'는 것이다. 따라서 담론은 기존제도들이 정의(definition)나 배제(exclusion)의 과정에 권력을 휘두르는 수단이 된다.

또한 푸코는 그의 저서 『감시와 처벌』, 『성의 역사』에서 '지식'이 '권력의 무기'로 사용된다는 니체의 시각을 도입한다.

푸코가 관심을 갖는 것은 '사람들이 그가 만든 진리를 통해(행위의 참 혹은 거짓이 당장 논리 정연하게 드러나는 그런 영역을 확정함으로써) 어떻게 자신과 다른 사람들을 지배하게 되는가'[70]를 밝히는 것이다. 따라서 그의 이론은 '전문적인 지식의 체계화된 배열'을 의미하는 '담론'이 언제나 '권력'에 의해 만들어지고 있다는 것을 주장한다.

> 권력은 지식을 생산한다. (……) 권력과 지식은 직접적으로 서로를 함축하고 있다. (……) 상호 관련된 지식분야를 형성하지 않는 권력관계는 없다. 또한 동시에 권력관계를 전제하지 않거나 형성시키지 않는 지식도 존재하지 않는다.[71]

이처럼 푸코는 '지식과 담론과 권력'의 관계를 파악함으로써 한 사회에서 권력이 어떤 방식으로 행사되며, 또 그 결과는 무엇인가를 밝히고자 했다. 요컨대, 그는 지식과 담론은 권력에 의해 만들어지고 결국 이러한 지식과 담론과 권력 하에서 개인은 사고하고 행동하는 것(여기에는 언어사용이나 일반적 문화행위가 포함된다)이라고 주장한다.

그런데, 푸코에게 있어서 권력은 지배계급의 소유물이 아니며, 그것은 권력을 가진 자와 못 가진 자 사이의 불공평한 관계가 이루어지는 전략지대라고 생각한다. 다시 말해서 권력이란 지배계급이 개인에게 부여한 사회적 역할 즉 감시와 순응의 역할 속에서 드러나는 것이다.

이에 대해 푸코는 '권력이 있는 곳에는 저항이 있다'[72]고 하면서 권력을 '부정적인 힘'으로 생각해서는 안 되고 '생산적인 것'이라고 주장한다.

> 우리는 권력의 결과를 부정적으로 보는, 즉 '배제'시키거나 '억압'하고 '검열'하며 '발췌'하고 '가장'하며 '은폐'한다는 생각을 당장, 그리고 영원히 버려야 할 것이다. 오히려 권력은 현실을 만들어 내고, 대상의 영역과 진리의 의식(儀式)을 만든다.[73]

다시 말해서 푸코에게 있어 권력은 어떤 행위를 하지 못하게 만드는 '부정적인 것'이 아니라 오히려 생각하고 행동하도록 만드는 '긍정적인 것'이다. 그러므로 그의 관심은 권력과 담론이 지배하는 대로 움직이는 개인이 과연 그것에 어떻게 저항하고 벗어날 것인가 하는 것에 있다.

요컨대, 푸코의 '계보학적' 분석은 '권력과 지식의 관계'에 초점을 두면서, 사고의 양식을 허용하거나 거부하는 개념적 틀이라고 할 수 있는 '담론형식'에 그 관계가 어떻게 작용하는지를 보여주고 있다.

### 3) 루이 알튀세(Louis Althusser)

루이 알튀세(Louis Althusser)는 맑스주의와 구조주의를 접합시킨 네오맑스주의자로서, 1970년대 이후 문화이론에 지대한 영향을 미쳤다.[74] 대중문화론에서 알튀세의 공헌은 이데올로기(Ideology) 개념을 이론화 시키고자 한 데 있다. 이러한 알튀세의 이데올로기론을 이해하기 위해서는 몇 가지 이론들의 이해가 선행되어야 한다.

### 사회구성체(Social Formation) 개념

알튀세의 이데올로기론을 이해하기 위해서 먼저 사회구성체(Social Formation) 개념을 살펴 볼 필요가 있다. 사회구성체 이론의 핵심은 '모순의 중층적 결정'과 '최종심급(하부구조)에서의 결정'이라는 두 가지 이론이다.[75]

알튀세의 『맑스를 위하여』에 수록된 논문 「모순과 중층적 결정」은 모순과 결정이라는 변증법의 가장 기초적인 개념을 중심으로 헤겔 변증법과 맑스 변증법의 본질적 차이를 밝히려고 시도하였다. 맑스의 사회구성체 이론은 경제가 토대가 되는 하부구조를 이루고, 그 위에 정치나 이데올로기의 상부구조를 설정하며 경제적 하부구조가 상부구조를 결정한다고 하는 경제결정론이라고 할 수 있다.[76]

그러나 알튀세는 이러한 맑스의 명제에 대한 기계적 해석을 거부하고 상부구조의 '상대적 자율성'[77]을 강조했다. 알튀세에 의하면 사회는 세 개의 층위, 즉 경제적, 정치적 그리고 이데올로기 층위로 구성되어 있다. 따라서 정치, 경제, 이데올로기 등의 여러 가지 이질적 층위에서의 제 요소의 차이나 간격이 중첩되고 양성되어 하나의 거대한 파괴력이 되고 역사를 다음 단계로 밀어 움직이게 한다는 것이다.[78]

다시 말해서, 알튀세에게 전체는 (맑스의) 의식이나 경제라고 하는 본질에 의해서 규정되는 '동질적 전체'가 아니라, 경제·정치·이데올로기 등의 '이질적인 층위가 합쳐진 복합적인 전체'이며 '부조화'의 전체이다. 이렇게 전체를 구성하고 있는 제 층위는 서로 '상대적으로 자율적'이며, 서로가 '고유한 시간과 역사'를 갖고 있다. 그것은 어떤 계층성을 띠면서도 상호 규정하고 연계하면서 공존한다.

이러한 연계의 계층화는 어디까지나 '최종층위에서' 경제에 의해 결정되고 어떤 시대의 사회적 구성체의 특징을 나타낸다. 그런데 여기에 유의해야 할 점은 '최종심급에서의 결정'이 결코 경제를 지배적인 층위로 한다는 것이 아니라, 고대는 정치, 중세에는 종교가 지배적 층위가 된, 그 계층화를 경제가 결정했다는 의미에서의 결정요소라는 데 있다.

### 이데올로기 개념 – '호명'(부름, interpellation)

알튀세의 이데올로기론을 이해하기 위해서는 두 번째로 그의 독특한 이데올로기의 개념을 살펴볼 필요가 있다. 알튀세에 따르면 인간은 현실과 직접 관계를 맺을 수 없고 불가피하게 상상적인 것을 통로로 한다. 그리고 여기에 이데올로기의 필연성이 있다고 보는 것이다.

> 인간사회는 역사상 그 생명활동에 불가결한 기본요소로서, 그 호흡작용에 불가결한 공기로서 이데올로기를 배출한다.[79]

따라서 알튀세는 현실의 제(諸) 관계에 대하여 태도를 취하는 이데올로기는 상상의 산물을 표상한 것[80]이며 동시에 인간이 세계와 역사에 있어서 자기의 위치를 자각하는 것은 이데올로기에 의해서라고 말한다. 즉 인간은 세계를 이데올로기를 통해서 체험하는데 그것은 세계 속에서 자기의 위치를 자각하고, '아이덴티티(정체성)'를 획득한 '주체'가 됨으로써 세계와 관계를 맺는 것이 된다.

알튀세는 이러한 이데올로기의 메커니즘을 '주체의 카테고리'에 의해서 설명한다. 제 개인이 이러한 '재인/오인, 보증의 메커니즘'에 의해 이데올로기 속에서 제 주체로 형성되는 것인데, 이때 개인들은 자기가 이데올로기 속에 있음에도 불구하고 이데올로기 밖에 있다고 믿고 있다는 것이다.

알튀세는 주체를 설명하기 위해서 라캉(Lacan)의 개념 '호칭(부름, interpellation)'이라는 용어를 도입한다. 그에 의하면 인간은 처음부터 '주체'가 아니다. 인간은 최초에는 단지 '거기에서 살고 있는 개체'에 지나지 않는다. 아직 이름도 없고 자기에 대하여 통일성의 자각도 없다.

이데올로기는 이 개체를 불러서 개체가 이름을 갖도록 하고, 그 이름을 통해서 자기 동일성을 자각할 수 있는 '주체'로 구성한다. 따라서 이데올로기적 주체들은 '호명'(부름) 또는 '호명'의 행위에 의해 만들어진다. 주체는 이데올로기의 언설(discours)을 습득함으로써 그 말의 '주어/주체'가 되는 것을 배우는 과정에서 자기를 자기로서 알게 된다는 것이다. 그러나 이데올로기는 명령이 아니라 확신시키고 납득시키는 것이다.[81]

알튀세는 '진공과 채우기'에 대해 구조는 담당자를 필요로 하며 이데올로기적 언설은 구조를 위해 담당자를 조달한다고 설명한다. 주체 없는 구조는 없다는 것이 알튀세가 강조한 점이다. 이 때문에 주체제작 기능으로서의 호명이 중요시 된다. 알튀세는 이러한 '이데올로기 일반의 메커니즘'을 관념 속에 가둬둔 것이 아니라 물질적으로 자리매김하려고 하였다. 다시 말해서 알튀세에게 이데올로기는 백일몽이나 꿈이 아니라 물질적 존재[82]인 것이다.

여기에서(알튀세의) 물질적 존재란, 가령 사람들이 이데올로기를 체험하고 거기에 기초해서 행동하는 경우를 의미한다. 이데올로기는 사람들의 행위 속에서 각인되고, 그러한 경험세계에서 물질적으로 존재하는 것이 된다.

알튀세에 의하면 이데올로기는 학교, 가족, 교회 등의 이데올로기 장치를 통해서 물질화되고 고정화된다. 이러한 장치의 경우, 수업이나 제사나 미사 등의 의식(ritual) 속에서 이데올로기는 반복해서 개인들에게 가치관이나 종교관을 주입한다.[83]

### 이데올로기적 국가장치(Ideology State Apparatus)론

그의 이데올로기론을 이해하기 위해서는 끝으로 이데올로기적 국가장치(Ideology State Apparatus)론을 살펴볼 필요가 있다.

알튀세는 이데올로기 장치를 국가와 관련시켜 '이데올로기적 국가장치'(ideological state apparatus ideologigues d'Etat)로 규정하고 있다. 따라서 레닌의 '국가=폭력적 억압장치'와 같은 도식이 아니라 국가는 '공-사'의 영역에 상관하지 않고, 여러 가지 영역의 구석구석까지 그물망처럼 넓혀지는 그물망 조직으로 파악하였다.[84] 여기에서 이데올로기 장치가 국가장치가 되는 이유로 알튀세가 국가를 생산 제 관계의 재생산으로부터 자리매김을 한 데서 찾을 수 있다.

이상에서 살핀 알튀세의 이데올로기는 완전히 무의식의 과정이며 그것은 바로 사회계급 또는 인간주체가 이데올로기를 통해 사회의 지배구조 안으로 편입되는 것을 의미한다.[85]

알튀세의 구조주의적 미디어론은 미디어가 사회의 지배적 이데올로기를 생산하고 재생산하는 역할을 갖는 것이 되고, 그것은 곧 매스미디어가(이데올로기를 통해서) 작용하는 것이 된다. 따라서 미디어의 효율성은 허위의식을 주입시키거나 기존의 태도를 변형시키는 데 있는 것이 아니라, 개인과 그가 생활하는 현실간의 상상적 관계의 조건들을 표현하고 경험되는 것을 전달하는 것이 된다.[86]

# 제 4 장

## 문화를 문화로 설명한다?!
## –문화주의 이론

## 문화주의란?

문화주의는 대중문화를 단지 지배계급에 의해 생산되어 일방적으로 유포되는 부정적인 것이 아니라 경제적 생산 양식에도 영향을 줄 수 있는 역동성과 능동성을 갖는 문화로 보았다. 즉, 이것은 문화 자체보다는 문화를 받아들이고, 갈등을 일으키며 저항하는 가운데 그 문화를 소비하는 사회의 대중에게 관심을 둔 이론이다. 따라서 문화를 교양의 개념으로 보았던 리비스나 아놀드식의 엘리트주의적 입장을 비판하면서 노동계급을 중심으로 한 피지배계급의 '살아 있는 문화'에 대한 깊은 애정과 관심을 보이는 이론이다. 또한 문화주의는 구조에 의해 모든 문화가 결정된다는 구조주의에 반대하여 구조보다는 인간에, 이데올로기보다는 인간의 경험에 더 관심을 갖는다.

요컨대, 문화주의는 대중의 문화적 실천을 통해 자신들의 계급적 영역을 구축해가는 것을 주목하는 이론으로, 따라서 문화주의에서의 대중문화란 단지 미학적 차원에서 질이 낮은 문화가 아닌 대중의 사상과 행위를 파악할 수 있는 의미 있는 것이다. 이 이론의 대표적인 이론가로는 호가트(R. Hoggat), 윌리엄즈(R. Williams), 홀(S. Hall), 화넬(P. Whannel) 등을 들 수 있다.

### 1) 호가트(R. Hoggat)

호가트는 그의 책 『교양의 효용』을 1부, 2부로 나누어 1930년대의 영국 노동자계급의 문화와 1950년대의 새로운 형태로 대량생산된 문화에 대해 분석하고 있다. 먼저 1부인 호가트의 어린 시절(1930년대)의 노동계급 문화를 묘사한 『'과거'의 질서』에서는 1930년대의 노동자계급의 문화는 풍부하고 풍요로운 생활의 모습을 담고 있으며 이는 민중 스스로 공동체적으로 만들어 낸 문화라는 것이다. 다음은 '바닷가의 하루'에 대한 전형적인 묘사이며, 흔히 호가트의 의중을 잘 나타낸 예로 알려져 있다.

> 마차에 탄 일행을 비웃는 듯한 술집들과 황야를 지나 바다 쪽으로 '유람마차 charas'는 달려간다. 그리고는 마부가 잘 아는 곳인 커피와 비스켓 또는 정식 아침식사인 달걀과 베이컨을 주는 집으로 향한다. 도착과 함께 그득한 점심을 먹고 일행은 흩어진다. 하지만 결코 서로 멀리 떨어지는 법이 없다. 그들은 자신들에게 익숙한 해변가 모래사장이나 시가지만 다니기 때문이다. (……) 가게 앞에서 산책을 하거나 때로는 음료수도 마시고, 아이스크림이나 박하사탕을 빨며 비치의자에 앉아 쉬기도 한다. 존슨 부인이 치마를 말아 올린 채 해수욕을 하겠다고 고집을 피운다든지, 헨더슨 부인이 해변 관리인과 무슨 일이 있었다는 듯이 행동하는 것 같은 일들 때문에 숙녀 화장실 앞에서 한바탕 웃음도 어우러진다. 그리고는 가족들의 선물을 고르고 푸짐한 간식과 차를 즐긴 후 집으로 떠난다. 가는 길에서는 술을 마시기 위해 쉬기도 하는데, 이런 일은 남자들이 있거나 또는 남자들만의 소풍이라면 더 잦아지기도 한다. 또 마차 뒷켠에는 맥주도 한두 상자 들어 있는 것이 보통이다. 황야 가운데쯤 이르면 남자들은 모두 구르다시피 뛰어내려 야단법석을 피우고 시끄럽게 지저분한 농담을 주고받는다. 노래하며 즐기는 이 따뜻하고 푸근한 승객들을 도시로 다시 데려다주면서 마부가 익히 알고 있는 사실은, 도시에 도착할 때쯤이면 이들이 걷는 두둑한 팁을 받게 되리라는 것이다.[87]

위의 인용문에서도 볼 수 있듯이, 호가트는 노동계급의 미학을 "일상의 갖가지 일들에 대한 세세한 관심들", 이미 알고 있는 것에 대한 깊은 관심, '탐구하기'보다는 '보여주기'를 원하는 문화에 대한 취향 등으로 묘사한다. 그러므로 호가트의 설명에 따르면 노동계급의 소비자는 "평범한 생활로부터 탈출을 시도하는 것"이 아니라, "평범한 생활이 본질적으로 재미있다"[88]는 믿음을 구현하고 이를 더욱 강화시켜 나간다.

반면 2부의 1950년대 대량생산된 매스미디어 때문에 황폐화되고 있는 전통적인 노동계급의 문화를 묘사한 『새 것에 대한 양보』에서는 새로운 형식의 오락은 "무책임하고 대리적인 것"[89]으로 노동자계급의 전통적인 미학을 잠식하고 더 나아가 건강하던 노동자계급의 문화를 위협한다고 주장한다.

> 대부분의 대량생산된 오락들은 로렌스(D. H. Lawrence)가 말했듯이 '반생명적인 것'으로 귀결된다. 그것들은 타락한 영민함이나 부적당한 호소, 도덕적 도피로 가득 차 있다. …… 머리나 가슴을 감동시킬 만한 것들을 전혀 제공하지 않는다. 결국 많은 것을 투자해야만 얻게 되는 더욱 적극적이며 충만하고 조화로운 즐거움들이 대량 오락으로 인해 점차 메마르게 되는 것이다.[90]

이렇게 호가트에 의하면 1950년대의 대중문화는 더 이상 풍요로운 삶의 가능성을 제시하지 못하며, 모든 것이 너무나 얄팍하고 무미건조한 것이다.

> 우리는 대량생산 문화를 향해 나아가고 있다. 새로운 대량생산 문화는 도시 '민중'문화 가운데 일부 남아 있는 것마저도 파괴하고 있으며, 그 소중함을 따지자면 새로운 대량문화가 그것이 대체하려는 소박한 문화보다 더 해롭다.[91]

그러므로 그는 1930년대의 문화에 대해 '살아있는 전통문화'라고 생각하는 반면, 1950년대의 문화에 대해서는 문화적 쇠락의 길에 처해있는 문화라고 주장한다.[92] 대중문화에 대한 호가트의 접근방식은 "문화적 쇠락"이라는 점과 "교육을 통하여 대중문화의 조작적 영향에서 벗어날 수 있다고 생각한 점"에서 앞 장에서 논의한 리비스주의와 공통점이 많다.

그러나 호가트의 접근이 리비스주의와 구별되는 점은 호가트의 '좋은 과거/나쁜 현재'의 내용이다. 그는 이상적인 과거로 리비스주의의 '17세기의 유기적 공동체' 대신 '1930년대의 노동계급 문화'를 들고 있는데, 이는 모순적이게도 리비스주의자들이 저항하고자 했던 바로 그 문화이다. 그래서 이러한 호가트의 접근방식은 "리비스가 각인시켜 놓은 문화적 판단을 많이 거부하기"는 했으나, 그럼에도 불구하고 리비스의 문화적 방법론을 사용함으로써 "전통을 이어받고, 실제로 그것을 변형시키려 했다"[93]고 볼 수 있다.

### 2) 윌리엄즈(Rymond Williams)

윌리엄즈가 문화연구에 끼친 영향은 실로 엄청나다.[94] 특히 그는 『문화와 사회』, 『장구한 혁명』 등의 책을 통해 문화주의 문화론에 기여했다.

『문화의 분석 The Analysis of Culture』에서 윌리엄즈는 문화의 정의에는 세 가지 일반적 범주가 있다고 말한다. 첫째, "문화는 어떤 절대적 또는 보편적 가치의 측면에서 '이상적인 것으로', 인간이 완벽함에 이르는 과정이나 그 상태"[95]이다. 이 정의에 기반하는 문화분석의 역할은 생활이나 작품 속에서 "영원한 질서를 구성하는 또는 보편적 인간의 상태와 연관을 갖는 가치들을 찾아내고 묘사하는 것"[96]이다.

두 번째 정의는 '문서화된' 기록들, 즉 기록된 텍스트와 실천행위로 이루어진 문화이다. 이 정의에서 문화는 "인간의 생각과 경험들이 구체적인 방법으로 다양하게 기록된 지적, 상상적 작업의 유기체"[97]이다. 여기서 문화비평의 목적은 비판적 평가에 있는데, 이것은 '이상적인 것'을 다루는 분석과 유사한 형태를 띨 수 있다. 결국 아놀드가 말한 이른바 '인간 사고와 표현의 정수'를 찾아낼 때까지 비판을 통해 가려내는 작업이라 할 수 있다. 이렇게 첫 번째와 두 번째의 문화개념은 앞장에서 살펴보았듯이 문화를 교양으로서 그리고 이상적인 상태를 지향하는 것으로 보는 엘리트주의적인 입장의 연장선상에 있다.

세 번째 정의로 "문화에 대한 '사회적' 정의가 있는데, 여기서 문화는 특정한 삶의 방식에 대한 묘사"[98]를 뜻한다. 이 정의가 문화주의적 연구의 핵심적인 것으로, 문화를 바라보는 세 가지의 새로운 방식을 보여주었다. 첫째는 문화가 특정한 삶의 방식에 대한 표현이라는 '인류학적' 입장이며, 두 번째는 문화가 '어떤 의미와 가치의 표현'[99]이라는 것이고, 세 번째는 문화분석 작업이 "특정한 삶의 방식이나 특정한 문화에 내재되거나 표출된 의미와 가치를 밝히는 일"[100]이어야 한다는 주장이다.

윌리엄즈에게 문화의 사회적 정의가 요구하는 분석이란 "다른 정의를 따르는 자들에게는 전혀 '문화'로 보이지 않는 그런 생활방식의 갖가지 요소들을 분석하는 것"[101]이었다.

> 그래서 나는 문화이론을 삶의 방식 전체에 내재한 여러 요소들의 관계에 대한 연구라고 정의한다. 문화분석은 그 관계가 복합된 어떤 조직의 성격을 알아내려는 시도이다. 그러므로 이런 맥락에서 특정한 작품이나 제도에 대한 분석은 그 조직의 본질적 성격에 대한 분석이며, 이는 전체 조직의 부분을 구현하는 작품이나 제도의 관계이기도 하다.[102]

문화의 '복합적 조직'을 특정한 삶의 방식으로 보았을 때 문화분석의 목적은 그 문화가 표현하고자 하는 것을 이해하는 것이다. 즉, '한 문화가 겪은 실제경험'과 '중요한 공통요소', '경험을 공유한 특정한 공동체'[103]를 말한다. 이것은 윌리엄즈의 '감정의 구조(the structure of feeling)'[104]라는 개념에서 명확하게 나타나는데, 그에 의하면 감정의 구조란 특정한 집단이나 계급, 사회가 공유하는 가치들 혹은 특정집단에 의해서 공유되는 특정시기의 생활철학이다. 이 용어는 집단적·문화적 무의식과 이데올로기 중간에 있는 그 무엇을 지칭하는 데 쓰인다.

항상 우리가 찾는 것은 그 조직 전체가 표현하고자 하는 실제생활이다. 기록된 문화가 그 어느 것보다 중요한 이유는 살아있는 증인들조차 언급하지 못하는 그 시대의 삶을 직접 표현해 주기 때문이다.[105]

윌리엄즈는 한 사회의 문화를 세 가지 범주로 층위를 구분해야 한다고 주장한다.

문화의 가장 일반적인 정의에서 조차도 우리는 반드시 문화의 세 가지 층을 구별해야 한다. 그 시대와 그 공간에 살고 있는 사람들에게만 충분히 인식되는 그 시대와 그 공간의 살아있는 문화가 있다. 또 예술로부터 가장 일상적인 내용들까지 갖가지 종류의 내용들이 기록된 한 시대의 문화가 있다. 마지막으로 살아있는 문화와 각 시대의 문화를 연결해 주는 요소인 선별적 전통의 문화가 있다.[106]

그에 따르면 살아있는 문화란 특정한 시기에 특정한 장소에서 살아가고 경험하는 문화이기 때문에 이 문화에 대해 제대로 인식할 수 있는 사람은 실제로 그런 감정의 구조 속에서 살아간 사람뿐이라는 것이다. 그러므로 역사적으로 이 시기가 지나면 문화분석은 그 문화의 문헌적 기록을 통해서만 가능하지만, 이 문헌적 기록조차도 '선별적 전통'이라는 과정을 거치면서 누락되기 마련이고 따라서 살아있는 문화와 재구성된 문화분석 사이에 세세한 내용들이 많이 소실된다는 것이다.

(한 사회에서) 선택은 각 계급의 이해관계를 위시하여 여러 가지 특별한 이해관계들에 의해 지배될 것이다. 실제의 사회상황이 동시대의 선별을 크게 지배하는 것처럼, 선별적인 전통은 사회의 발전, 즉 역사변화의 과정에 크게 좌우될 것이다. 한 사회의 전통적 문화는 절대적 작품체계가 아니라 지속적 선별과 해석이기 때문에 항상 동시대의 이해와 가치체계에 상응하려고 하는 것이다.[107]

이렇게 문화분석에 있어 "선별"이란 '동시대의 이해와 가치체계'에 기반을 두고 있고, 역사적 변화과정 속에서 끊임없는 '평가의 반전과 재발견'이 일어난다는 사실은 곧 "미래의 어떤 상황에서도 과거 작품이 미친 영향이나 그 관계를 예측할 수 없다는 점"[108]을 시사한다. 그러므로 동시대의 문화에서 무엇이 옳고 그른지, 무엇이 고급이고 대중적인지에 대한 절대적 판단은 각 시대에 따라서 다시 정돈되어야 하는 것으로, 명확한 판단을 내리는 것은 옳지 않다는 입장이다.

그러므로 문화에 대한 윌리엄즈의 연구는 리비스주의의 그것과는 여러 가지 점에서 다르며, 이는 대중문화에 대한 반리비스적 연구의 기반이 되고 있다. 삶의 특이한 방식으로서 문화를 강조하는 그의 입장은 예술의 분야 역시 특별히 다루지 않고 "예술은 생산, 교육, 정치, 가족 부양 등과 똑같은 하나의 활동"[109]으로 취급한다. 그렇기에 부르주아 문화를 "개인주의라는 근본사상과 거기서 파생되는 제도와 습관, 사고방식과 의도"로, 그리고 노동계급 문화를 "집단주의라는 근본사상과 거기서 파생되는 태도와 습관, 사고방식, 의도"로 구별한다.[110]

> 산업혁명 이후 노동계급은 그 위치 때문에 좁은 의미로서의 문화는 생산하지 못했다. 노동계급이 생산한 중요한 문화는 집합적 민주주의 제도로 노동조합이나 협력운동 또는 정치정당에서 볼 수 있다. 노동계급 문화는 그것이 거쳐 온 과정을 두고 볼 때 개인주의적(특정한 지적, 상상적 작업이란 점에서)이라기보다는 주로 사회적(제도를 만든다는 점에서) 성격을 띤다. 이런 맥락에서 볼 때 그것은 놀랄 만큼 창조적인 업적이라 할 수 있다.[111]

이렇게, 윌리엄즈는 문화란 삶을 구성하는 모든 영역에 관련되어 있고, 삶을 변화시키는 조건이라고 보았다. 따라서 전통주의 문화론에서 소수의 고급문화와 대중의 문화를 분류하는 것을 반대하고, 문화의 역사와 문화가 가져다주는 삶의 변화에 관심을 두었다.

요컨대, 그의 문화주의 이론은 차별과 복종이라는 위계적 문화만을 요구하는 리비스주의와는 달리, 일상생활의 텍스트 및 실천행위들과 교류하는 데서 만들어지는 '평범한' 사람들의 '살아있는 경험'을 문화라고 정의함으로써 대중문화에 대한 새로운 접근 즉, 민주주의적 정의의 기반이 되고 있다.

### 3) 홀(Stuart Hall)과 화넬(Paddy Whannel)

앞서 살펴본 호가트와 윌리엄즈의 문화주의적 문화론에 입장을 같이하면서도, 좀 더 구체적으로 대중문화와 대중예술에 대해 논의한 사람으로는 홀과 화넬이 있다.

그들의 문화에 대한 입장은 학교에 끼친 대중문화의 영향에 대한 우려를 없애기 위해 쓰여진 『대중예술』에 잘 나타난다.

여기서 홀과 화넬은 고급문화는 모두 좋고 대중문화는 모두 나쁘다는 리비스주의나 대량문화 비판(대부분 미국에서 파생한)을 거부하고, 오히려 대부분의 고급문화는 좋으며, 리비스주의와 대량문화 비판과는 달리 일부 대중문화도 좋다는 것을 주장하고 있다. 그들은 문화에 대한 가치 판단은 궁극적으로 대중들의 분별력이나 안목에 달린 문제라고 본다.

그러므로 대중문화에 대해 공격 일변도였던 과거의 '잘못된 일반화'를 바로잡기 위해서는 대중문화의 범위 안에서 대중들이 쉽게 식별할 수 있도록 도와줌으로써 가능하다고 설명한다. 다시 말해서, 대중문화의 '영향'에 대해 걱정만 하기보다는 '좀 더 지각 있는 관중이 되도록 훈련시키는 것'[112]이 더 중요하다는 것이다. 그런데, 여기서 말하는 훈련이란 좋은 대중문화를 나쁜 대중문화에서 가려내는 것을 의미하며, '나쁜' 대중문화에 대항하여 '좋은' 고급문화를 옹호하는 리비스주의의 관점과는 차이를 보인다.

홀과 화넬에 의하면 지각 있는 관중들은 대중문화보다는 고급문화를 선호하고, 고급문화(셰익

스피어와 디킨즈, 로렌스)가 항상 최고라는 것을 직관적으로 또 본능적으로 알아본다고 주장한다. 이런 부분은 그들이 여전히 호가트와 윌리엄즈처럼 대중문화와 고급문화 사이에는 근본적인 범주나 가치에서 차이가 있다는 것에는 입장을 같이한다. 하지만 그들간의 차이가 우월과 열등의 차이가 아니고 만족의 정도 차이를 뜻한다고 주장한다.

> 동등하지 않은 것은 아니나 가치가 다르다는 것, 이는 매우 설명하기 어려운 구별이다. 그것은 문화적 텍스트와 실천행위를 그 자체로 인정해야만 한다는 것, 즉 "상이한 목적들을 인정하고 (……) 그 성과를 정해진 범위에서 다양하게 평가해야 한다."[113]

따라서, 그들은 과거의 유기적 문화에 대한 리비스적 관점(윌리엄 모리스에 의해 수정된)을 어느 정도 수용하나, 현재의 문화에 대해 대항의식으로 무장된 소수가 저항해야 한다는 리비스주의의 보수주의와 비관주의를 거부하며, 대신 "우리가 진정한 대중문화를 재창조하고자 한다면 바로 현존하는 사회 안에서 그 성장점을 찾아야 한다"[114]고 강조한다.

그러므로 홀과 화넬에게 있어 대중예술은 '진정한' 예술이 되고자 시도했다가 실패한 예술이 아니라, 대중 속에서 작용하는 예술이다.

> 대중예술은 민속예술과 많은 공통점을 갖고 있으면서도 세련된 상업문화 속에서 '개인적인' 예술이 되었다. 어떤 '민속적' 요소들은 계승되었지만, 익명의 민속작가 대신 예술가로 그리고 공동체적 양식 대신 연주자의 '양식'으로 바뀌기도 했다. 여기서 그 관계는 더욱 복합적이다. 예술은 더 이상 단순히 아래로부터 창조되는 것이 아니다. 그것은 상호 교류를 통해, 공연하고 느끼고 하는 관습에 의해 그들 간의 화합을 다시 가능하게 하는 것이다. 이 예술은 비록 '유기적 공동체'의 '삶의 방식'이 만들어낸 산물도 아니고 또 '민중에 의해 만들어진 것'도 아니지만, 그

렇다고 고급예술에 함께 적용될 수도 없는, 그야말로 민중을 위한 대중예술이라고 할 수 있다.[115]

이러한 대중예술의 정의와 함께, 그들은 예술을 다시 세부적으로 분류를 했다. 즉, 좋은 예술과 나쁜 예술이 가능한 예술, 그리고 좋은 대중예술과 나쁜 대중예술이 가능한 대중예술, 그리고 대량예술의 구분이다. 여기서 대량예술은 대중예술의 타락한 형태로 '대량예술은 상투적이고, 도피적이고, 미학적으로 가치가 없으며, 감정적으로 이롭지 못하다'는 대량문화에 대한 일반적인 비판을 받아들인다. 따라서 홀과 화넬은 "일단 대중예술과 대량예술의 구분이 이루어지면, 우리는 '대량문화라는 어설픈 일반화를 피하여 미디어가 제공하는 모든 자료들과 직접 대면하게 된다"[116]고 주장한다.

이렇게 대중문화 연구에 있어 이전의 리비스주의의 비판론적 관점에서 완전히 벗어나 "가치와 가치평가의 문제를 다루는 비평적 방법"[117]을 찾는 데 주력한 홀과 화넬의 이론은 문화주의 이론의 새로운 전환기를 가져왔다는 점에서 그 의미가 있다.

# 제 5 장

## 벤치 위에 올려진 빈 술병 하나에도 뜻이 있다니! —포스트모더니즘 문화론

탈근대성이라는 '포스트모더니티'는 후기 자본주의 사회의 문화적 양식과 현상을 포괄하는 개념으로, 포스트모더니즘 문화연구는 (앞서 2장에서 살펴보았던) 기존의 '대중문화에 대한 비판론'과 아도르노의 영향을 받은 '호르크 하이머의 교환 가치로서의 소비상품이라는 부정적 이론'에 대한 반작용으로 나타났다.

포스트모더니스트들은 상업적 대중문화에서의 '사용가치'와 '실제적인 목적과 의미'를 높이 평가한다. 따라서 포스트모더니즘 이론은 '폐쇄적이고 일률적이며, 미학적으로 빈약한 것'으로 인식되던 상업적 문화상품에 대한 시각을 훨씬 개방시켜 긍정적으로 바라본다. 즉, 작가의 의도에 대한 후기 구조주의적인 개념, 고정되지 않은 해독, 그리고 제각각이면서도 적극적인 독자에 대한 언급, 수용 미학의 인정, 그리고 기호학으로부터 '기호를 위한 투쟁'을 통해 얻은 다의적이고 개방된 문화적 텍스트론의 이행이 이루어진 것이다.[118]

포스트모더니즘은 시기별로 그 연구를 나눌 수 있는데, 1960년대 전후 미국과 영국 등지에서 등장한 포스트모더니즘 논의와 1970 · 80년대 후기구조주의(post structuralism)에 맥을 둔 포스트모더니즘 논의가 그것이다. 포스트모더니스트들의 대표적인 사람으로는 안드레이 후이젠(A. Huyssen), 장 프랑수아 리오타르(J. F. Lyotard), 장 보드리야르(J. Baudrillard) 등이 있다. 또한 이와는 달리 맑스주의자와 신맑스주의자의 시각에서 포스트모더니즘을 바라본 프레드릭 제임슨(F. Jameson)의 문화이론을 살펴보고자 한다.

## 1. '포스트모더니즘' 용어의 개념

시대별 그리고 연구자별 포스트모더니즘론을 살펴보기 위해서는 그에 앞서 포스트모더니즘이라는 용어자체에 대한 이해가 선행되어야 할 것이다.

'포스트모더니즘'은 대중문화에 대한 학문적 연구의 안팎에서 널리 쓰이고 있는 용어이다.

> 포스트모더니즘은 다른 지적 범주들에 비해 훨씬 빨리 다양한 분야로 침투해 들어갔다. 예술사의 영역에서부터 정치이론이나 청소년 문화잡지, 음반 표지, 최신 유행 패션지 「보그」에 이르기까지 널리 퍼졌다. 내가 보기에 이는 단순한 취향의 변화 이상의 어떤 것을 가리키는 듯하다.[119]

즉, 포스트모더니즘이라는 용어는 팝음악 저널리즘에서부터 후기자본주의나 다국적 자본주의의 문화적 상황에 대한 마르크스주의적 분석에 이르기까지 다양하게 쓰이고 있음을 알 수 있다. 이렇게 시대의 변화에 따라 다양하게 쓰이고 있는 포스트모더니즘이라는 용어는 하나의 개념으로서 계속 증식되고 있고, 헵디지는 포스트모더니즘이라는 용어에 대해 다음과 같이 정리하고 있다.

> '포스트모던'이라는 것이 방의 장식이나 건물 디자인뿐만 아니라, 영화, 음반의 제작, 실험 비디오, 텔레비전 광고, 미술 다큐멘터리나 이들 사이의 '상호 텍스트적' 관계, 패션잡지나 비평전문지의 페이지 디자인, 인식론에 있어서 반목적론적 경향, '존재론적 형이상학'에 대한 공격, 일반적인 감각의 약화, 전후 베이비 붐 세대가 중년의 환멸을 맞이하는 집단적 절망과 병적인 현상, 반성의 '궁지', 수사학적 형용, 표피성의 증식, 상품 물신주의에서의 새로운 단계, 이미지나 부호, 스타일에 대한 매혹, 문화적・정치적・실존적 파편화의 과정과 그 위기, 주체의 '탈중심화', '대서사에 대한 불신', '의미의 내부 파열', 문화적 위계질서의 붕괴, 핵 파멸의 공포, 대학의 쇠락, 마이크로 테크놀로지의 기능과 영향, '미디어'로 향한 사회경제적 전환, '소비주의'와 '다국적' 국면, 터전의 상실이나 그 자체의 포기(비판적 지역주의) 혹은 일반적으로 시간성의 축 대신 공간성의 축이 대치되는 것에까지 모든 것을 다 (더욱 단순하게는 '포스트'라고 까지 줄여 쓰는) 일컫는다면, 이는 분명 대단한 유행어라는 사실이 확실해진다.[120]

## 2. 1960년대의 포스트모더니즘

'포스트모던'이란 말은 1870년경[121]부터 문화적 의미로 사용되었지만, 1950년대 말에서 1960년대 초에 이르러서야 비로소 오늘날 사용되는 포스트모더니즘으로서의 의미가 형성되었다.

1960년대 포스트모더니즘의 발생은 당시 현대 자본주의 세계에서 고급문화로서의 지위를 누리고 있는 모더니즘, 즉 엘리트주의에 대한 반작용에서 비롯되었다. 다시 말해서, 포스트모더니즘은 고급예술과 대중문화의 구별을 고집하는 언술체계, 일명 후이젠이 말하는 '커다란 문학'[122]을 거부하려는 움직임으로 시작되었다.

> 모더니즘의 고전들이 반항적인 위치에서 지배적인 위치로 바뀐 사실뿐 아니라 그것들이 대학이나 박물관, 화랑, 그리고 그 설립 재단마저 다 정복한데다가 여러 고급 모더니즘이 동화되어 규범으로 자리잡고 또 우리 할아버지 세대에게 충격적이며 비방거리이고 추하고 부조화적이며 비도덕적, 반사회적으로 느껴지던 모든 것이 약화되고 동화되었기 때문이다.[123]

이렇게 포스트모더니즘은 기존문화에 대한 비판적이고 자유분방하던 힘이 사라져 버린 모더니즘에 대한 비판으로 형성된 것으로, 현대 자본주의 사회에서의 고급문화(부르주아문화)로서의 위치를 지니고 있는 모더니즘에 대한 민중주의의 공격이라고 할 수 있다. 따라서 포스트모더니즘은 고급문화와 대중문화의 구분이 무너지면서 생긴 새로운 다원주의를 가리킨다.

1950·60년대의 영미 팝아트에서는 고급문화와 대중문화의 구분을 거부했다. 이들은 아놀드의 '인간 사고와 표현의 정수'라는 문화에 대한 정의를 거부하고, 대신 윌리엄즈의 '총체적인 삶의 방식'이라는 인류학적 정의를 더 선호했다.

> 예술가들은 영화, 광고, 공상 과학소설, 팝음악 등 대량생산된 도시문화를 수용하기 시작했다. 대부분의 지식인들은 상업문화에 대해 편견을 갖고 있었지만, 우리에게는 그런 편견이 없다는 것을 깨달았으며, 오히려 그와는 반대로 이런 문화현상을 받아들이고 상세한 토론을 벌이고 즐겁게 소비했다. 이런 토론의 결과 중 하나가 바로 팝문화를 '도피주의'나 '순수 유흥', '휴식'의 영역에서 끌어내어 진지한 예술로 받아들이자는 것이었다.[124]

후이센은 팝 아트와 대중문화의 관계에 대한 전모를 제대로 파악하려면, 그것을 미국의 대항문화와 영국의 언더그라운드를 잇는 폭넓은 문화적 맥락에서 이해할 수밖에 없다고 말한다.

> 넓은 의미에서 팝은 포스트모던 개념이 처음 발생한 배경이 되었다. 그 시초부터 오늘날까지 포스트모더니즘의 가장 중요한 경향은 대량문화에 대한 모더니즘의 적대감에 도전하는 것이다.[125]

후이센은 1960년대 미국의 포스트모더니즘이 이보다 훨씬 이전 유럽 아방가르드의 어떤 측면과 깊은 관계가 있음을 발견했다. 미국 대항문화의 성격－반베트남전, 게이 해방운동에 대한 지지, 고급 모더니즘의 엘리트주의에 대한 거부, 페미니즘의 제2의 물결, 문화적 실험주의, 대안 연극, 해프닝, 러빈 Lovein, 일상에 대한 예찬, 사이키델릭 예술, 애시드 록 acid rock(1970년대 중반에 유행한 록의 한 경향으로서, 사이키델릭한 로큰롤 음악 : 역주) 그리고 애시드 원근주의 acid perspectivism(햅디지의 용어)－은 "아방가르드 전통의 마지막 장"[126]이라는 것이다.

이렇듯 1960년대 미국의 포스트모더니즘은 전 시대의 본격 모더니즘의 어떤 견해들을 부정하고 비판하며, 1920년대 유럽의 역사적 아방가르드의 유산을 소생시키고 동시에 후기산업사회의 대중문화적인 미국적 형식을 접목시키는 이론이라고 할 수 있다.

## 3. 1970, 80년대 포스트모더니즘 논의

포스트모더니즘의 문화이론을 연구하는 사람들에게 가장 중요한 것은 "역사적으로나 인간적으로 쇠퇴하기 시작한 아놀드의 문화개념"[127]을 버리고 '새로운 감성'을 갖는 것이다. 그래야만 "'높은' 문화와 '낮은' 문화의 구분은 갈수록 무의미해질 것"[128]이라고 주장할 수 있을 것이기 때문이다.

1970 · 80년대에 포스트모더니즘의 대표적 이론가인 리오타르와 보드리야르의 '새로운 감성'에 대한 견해를 살펴보도록 하겠다.

### 1) 장 프랑수와 리오타르(J. F. Lyotard)

리오타르는 1979년 『포스트모던 상황』을 출간하여 포스트모더니즘 논쟁에 크게 기여하였다.

리오타르는 포스트모던 상황의 특징을 서구사회에서의 '대서사(metanarratives)에 대한 불신'이며, 동시에 대서사 장치의 폐기－'정당화(legitimation)'[129]라고 설명한다. 그에 따르면 '대서사'는 포함과 배제를 통해 동질화하는 힘들로서 작용하며, 이질성을 질서의 영역으로 편입시키고, 보편적 원리 및 목표라는 명목하에 다른 담론들과 다른 목소리들을 묵살하고 배제시켜 버린다고 주장한다. 요컨대 그가 말하는 포스트모더니즘은 일상의 수많은 다른 이야기(서사)들을 조직하고 정당화시켜주는 보편적 이야기인 대서사－예를 들어 마르크스주의, 자유주의, 기독교 신앙 등의 총체적 사상－를 거부하고자 하는 경향이라고 할 수 있다.

따라서 그에게 있어서 포스트모더니즘은 모든 보편적 대서사의 특권적 진리가 몰락했음을 알리는 징후이며, 그 대신에 문화적 차별성에 근거하여 차이를 주장하는 주변의 다양한 목소리가 늘어나고, 동질성보다 이질성이 부상하고 있음을 입증하는 것이기도 하다.

스티븐 코너(Steven Connor)는 "포스트모던 상황의 리오타르적 분석은 어떤 의미에서 지식인의 무용성에 대한 분석이기도 하다"[130]고 말한다.

> 포스트모더니즘 논쟁은 (……) 대중문화와 그 미학, 그리고 그 직접적 가능성이 이전에는 허용될 수 없었던 영역으로 불규칙하게 진입하는 현상으로 인식될 수 있다. 이론과 학문적 담론이 체계는 없지만 더 넓은 문화적 생산과 지식의 대중적 네트워크(network)와 직면하게 된 것이다. 지식을 설명하고 퍼뜨리는 지성인의 특권이 위협받거나 그의(항상 '그', 즉 남성이었다) 권위가 재조정되고 있다. 이런 현상은 부분적으로나마 최근의 모던 프로젝트(modern project)－특히, 마르크스주의의－의 자기 변호와, 포스트모더니즘의 두드러진 아류들 중 하나인 싸늘한 허무주의를 어느 정도 설명해 준다.[131]

### 2) 장 보드리야르(J. Baudrillard)

포스트모더니즘에 대한 논의를 이론적 차원에서 가장 처음으로 게다가 핵심적으로 제기한 것은 건축분야[132]이다. 그러나 미디어문화 분야에서 포스트모더니즘이 '현대와의 단절의 의미'로 새로운 시대로서 '포스트모던'(postmodernity) 개념으로 제시된 것은 1970년대에 들어 보드리야르 등의 후기 구조주의 이론에 의해서였다.[133]

1970년대와 1980년대 초반에 가장 두드러진 포스트모던 이론가로[134] 장 보드리야르를 들 수 있는데, 그가 제시한 모사(simulation), 내파(implosion), 과잉현실(hyperreal) 개념은 '현대 사회와 근본적으로 결별해야 한다'는 당시의 포스트모더니즘을 이해하는 핵심적 개념들이다.

그는 사회적·경제적 발전단계에서 "경제 또는 생산의 영역과 이념이나 문화의 영역을 분리하는 것은 더 이상 불가능하다. 그 이유는 문화 산물, 이미지, 재현은 물론 심지어 우리의 느낌이나 심리구조까지도 경제의 일부가 되어버렸기 때문이다"[135]라고 주장한다.

따라서 보드리야르에 따르면 포스트모던의 세계는 형태가 없는 유사현실과 과잉현실의 세계이며, 이 세계는 이미 상품의 생산에 기반을 둔 산업사회가 아닌 정보의 생산에 기반을 둔 정보사회에서 일어나는 세계이다.[136]

다시 말해서, 포스트모더니즘은 단지 기호의 둔화라기보다 시뮬라크라(simulacrum)의 문화이다. 시뮬라크라란 오리지널이 없는 동일한 복제물의 구분 자체가 소멸했다는 것이다. 그는 이 과정을 '시뮬라시옹'(simulation)이라고 부르며[137] 이것을 원천이나 실재없이 실재적인 것의 모형들에 의해 만들어진 것, 즉 '과잉현실'이라고 정의하였다.[138]

이렇게 '과잉현실', '시뮬라시옹'과 실재의 구분이 끊임없이 내파하며 현실과 가상과의 경계는 붕괴(implode)되고, 결국, 실재와 시뮬라시옹의 구별이 모호해진다. 그 결과, 오히려 시뮬라시옹은 실재보다 더 실재적인 것으로 경험된다고 주장한다.

보드리야르는 과잉현실의 예로 디즈니랜드를 들면서, 그것을 "시뮬라시옹의 모든 얽히고 설킨 질서를 보여주는 완벽한 모델"[139]이라고 부른다.

> 디즈니랜드는 디즈니랜드가 바로 '진짜' 나라, 즉 '진짜' 미국의 모든 것이라는 사실을 감추기 위해서 존재한다(이는 마치 완전한 형태의 사회도 감옥과 다를 바가 없다는 것을 숨기려고 감옥을 부각시키는 것과 같다). 디즈니랜드가 상상의 세계로 묘사되는 것은 그 외의 세계가 진짜임을 믿게 하려는 이유에서이다. 그런데 사실상 그 주위의 로스앤젤레스나 미국도 더 이상 진짜가 아니며, 그것들도 과잉현실과 시뮬라시옹의 질서에 따르고 있을 뿐이다. 현실의 거짓 재현(이데올로기)은 이제 더 이상 문제가 아니며, 오히려 진실이 더 이상 진실이 아니라는 사실을 감추는 것이 문제이다.[140]

그에 따르면, 디즈니랜드는 "우리로 하여금 어른들은 '현실'세계 어디에든 있음을 믿도록 하기 위해, 그리고 실제 어린이다움은 어디에든 있다는 사실을 숨기기 위해 존재하는 유아적 세계"[141]를 의미한다.

이렇게 보드리야르는 이러한 시뮬라시옹의 세계, 즉 과잉현실의 세계를 통해서 비도덕적인 자본주의 사회를 전망하고 있다.

> "실재가 더 이상 늘 그러했던 것이 아닐 때, 향수가 그 전체 의미를 떠맡는다. 근원에 대한 신화나 실재에 대한 기호가 폭발적으로 증가하며 …… 실재와 그에 대한 지시물들이 광적으로 쏟아진다."[142]

이처럼 보드리야르는 이러한 사회적 · 문화적 변화에 대해서 한편으로 환영하고 다른 한편으로는 '문화적 고갈의 한 형태'라고 비판한다.

이러한 보드리야르의 이중적 입장에 대해 로렌스 그로스버그(Lawrence Grossberg)는 "진정한 투쟁의 가능성이 전혀 보이지 않고 피할 수 없기 때문에 나온 찬양", "권력을 포기한 상태의 허무주의적 경향"이라고 말한다.[143]

### 3) 프레드릭 제임슨(F. Jameson)

1980년대에 들어와서 새로운 포스트모던적 역사시대, 즉 '탈현대'로 진입해 들어왔다는 보드리야르의 주장과 같이 탈현대적 문화와 사회의 다양한 형식들에 대한 담론들이 활발히 전개되었다.

미국의 맑스주의 문화비평가인 프레드릭 제임슨은 포스트모더니즘을 후기 자본주의의 문화적 논리(cultural logic of late capitalism)[144]로 설명하고 있다.

그는 포스트모더니즘은 단지 특정한 문화의 스타일이라기보다는 '시대구분의 개념'[145]으로 다국적 또는 후기 자본주의의 '지배문화'라고 주장한다. 제임슨의 이러한 주장은 에르네스트 만델(Ernest Mandel)[146]의 자본주의 세 단계 구분－'시장자본주의', '독점자본주의', '다국적 또는 후기 자본주의'－을 그의 문화발달 3단계－'리얼리즘', '모더니즘', '포스트모더니즘'[147]－와 대비시키고, 동시에 윌리엄즈의 어떤 시기의 사회구성은 항상 세 개의 문화적 계기－'지배적인 것', '부상하는 것', '잔여의 것'－가 복합적으로 구성된다는 주장[148]을 기반으로 한다.

제임슨은 "포스트모더니즘은 혼성모방(pastiche)의 문화"라고 주장하며, 패러디와 혼성모방의 차이를 다음과 같이 설명한다.

> 이런 상황에서 패러디는 그 역할이 점차 소진되고, 대신 혼성 모방이라는 낯설 새로운 것이 서서히 그 자리를 차지하게 된다. 혼성 모방은 패러디와 같이 기묘한 가면의 모방이며 죽은 언어로 말하는 것이지만, 패러디가 갖는 배후 동기 없이 그런 흉내만 희미하게 내는 것이다. 풍자적 충동이나 웃음도 없으며, 잠시 빌려온 비정상적인 언어 외에는 아직도 건강한 정상적 언어가 존재하리라는 믿음조차 없다. 그래서 혼성모방은 텅빈 패러디이다.[149]

요컨대, 패러디가 배후동기－기준, 관습에서 나온 것을 흉내내기나 조롱하는－를 가지고 있는 것에 비해 혼성모방은 '텅빈 패러디'이거나 '공허한 복사물'이라고 그 차이를 설명한다.

동시에 그는 혼성모방이 생기게 된 원인으로 "개인적 주체가 사라진 것과 함께 개성적 양식이 점점 사라진 현상"[150] 때문이라고 주장한다.

그러므로 제임슨에게 있어서 포스트모던 문화는 순수한 창의성의 문화라기보다는 '인용'의 문화이자 '상호 텍스트성'의 문화이며, "얇고 깊이가 없는, 새로 나타난, 문자 그대로 경박한"[151] 문화라고 할 수 있다. 동시에 '잠재적' 가능성이 없는 표면과 이미지의 문화로 그 해석의 에너지를 다른 이미지, 다른 표면, 상호 텍스트성의 교류에서 빌려올 수밖에 없기에, '감동의 소진'[152]을 초래하는 문화인 것이다.

따라서 그는 포스트모더니즘 문화의 특성으로 새로운 종류의 단조로움과 깊이 없음(new depthlessness)의 등장과 시뮬라시옹(simulacrum), 그리고 역사성의 약화(weakening of historicity), 정신분열적인 구조(schizophrenic structure) 그리고 '정감의 쇠퇴' 등을 들고 있다.

이렇게 포스트모더니즘을 다국적 후기 자본주의의 '지배문화'라고 보는 제임슨의 주장은 결국 구제 불능의 상업적 문화라는데 그 초점이 있다. 즉, "포스트모더니즘은 자본주의의 상업문화를 조롱하는 모더니즘"과는 달리 그에 저항하기보다는 "소비자본주의의 논리를 복제하고 재생산하며, 또 보강한다"[153]고 주장한다. 따라서 여기서는 "예술의 생산도 일반적으로 상품생산에 통합되는"[154] 과정의 중요한 일부가 된다.

제임슨에 의하면 "위대한 모더니즘의 유토피아적이고 '고상한 진지성'에 비교해 볼 때, 포스트모더니즘 문화의 특징은 그 '본질적인 사소성'"에 있다.[155] 게다가 이것은 '사회의 사회주의로의 변형'[156]을 방해하는 문화이다. 고급·대중문화 경계의 포스트모던적인 붕괴는 모더니즘의 '비판적 공간'을 희생시키고서야 비로소 얻어진 것이다.

> 사회영역 안에서 놀랄 만한 문화의 폭발이 일어나 경제적 가치에서부터 국가 권력과 집행, 심지어 심리구조에 이르기까지 사회생활의 모든 것이 아직은 이론화되지 않은 어떤 오리지널한 의미에서 '문화'로 바뀌었다고 말할 수 있다.[157]

포스트모더니즘이 그 이전의 사회문화적 시기와 구별되는 것이 바로 이러한 일상생활의 전적인 '문화화' 또는 '예술화'이다. 포스트모더니즘은 '비판적 거리'를 허용하지 않는 문화이다. 이에 대해 그로스버그는 제임슨의 후기자본주의 경제에 대해 다음과 설명한다.

> 제임슨은 …… 후기 자본주의의 공간 구성을 이해하기 위해서는 새로운 '지도'가 필요하다고 말한다. 대중은 지배 이데올로기에 기만당하는 말 못하고 수동적인 문화적 중독자일 뿐이며, 이데올로기를 이해하고 저항의 터전을 만들어줄 수 있는 유일한 사람인 비평가의 리더십만 믿고 반응할 따름이다. 기껏해야 대중은 대응할 수 없는 그 자신들의 무능력을 표명하는 게 고작이다. 그러나 비평가가 없으면, 희망이 없다는 그들 자신의 이러한 절규조차도 스스로는 듣지 못한다. 그 누군가가 지성과 저항의 비판적 모델에 대한 지도를 제공하기 전까지는, 그들은 그렇게 희망 없이 남아있을 것이다.[158]

## 4. '포스트모더니즘'과 가치 다원론

지금까지 포스트모더니즘에 대해 시기별로 대표적인 이론들을 살펴보았다. 그 결과 포스트모더니즘은 분명 문화적 가치의 문제를 둘러싼 오랜 확신들을 무너뜨렸다.

문화를 연구하는 이들에게 포스트모더니즘의 가장 중요한 의미는 고급문화와 대중문화 사이에 어떤 절대적인 범주적 차이도 존재하지 않는다는 사실을 알게 되었다는 것이다.

> 모더니즘과 대비한다면 결국 포스트모더니즘은 유일하면서도 전부인 선-신-돈 Good-God-Gold이라는 기준이 없어도, 정말 자본주의적인 기준이 하나도 없어도 평온하게 헤쳐나갈 준비태세를 갖추게 될 것이다.-아니면 최소한 그 전조라도 보일 것이다. 말하자면 한때는 저급한 것으로 내버려두었던 재고목록들이 모두 가치증식의 수단이 된다는 것을 익히고 배우면서 그런 태세를 갖추어 갈 것이다. (……) 우리에게는 가치 다원론을 살리는 더

좋은 방법과 더 나쁜 방법이 있다는 믿음이 필요하며, 또 그 믿음을 확정할 필요가 있다. 모든 암소를 동일한 색으로 보기 위해서 한밤 중에 다 잃는 꼴이 된다. 그러나 물려받은 보증서에 대한 그릇된 과신을 버리고 제한된 논거들만으로도 문제의 그들에 대한 책임을 짊어지고 여유롭게 배워 나가리라는 전망은 믿음을 가진 이에게는 더 다채롭고, 더 신중한 문화, 사람들이 소망하는 더 너그러운 문화를 약속하고 있는 것이다. 그리고 이런 문화는 가치와 의미 사이의 얼룩진 관계로부터 즐거움을 자아낸다.[159]

위에서 보이는 퍼케트의 주장은 '새로운 포스트모던 감성'에 대한 수잔 손탁의 논증과 크게 다르지 않다.

새로운 감성은 교만하리만큼 다원적이다. 이는 살을 도려내는 듯한 진지성에도 몰두하지만 또한 동시에 장난이나 기지, 그리고 향수에도 몰두한다. 이는 또한 지극히 역사-의식적이며, 그 과도한 열의는 아주 급속하고 열광적이다. 이 새로운 감성의 유리한 위치에서 보면 기계의 아름다움, 수학문제를 푸는 것이나 재스퍼 존즈(Jasper Johns)가 그린 유화의 아름다움, 고다르(Jean-Luc Godard) 감독 영화의 아름다움, 그리고 비틀즈의 인간미와 그 음악의 아름다움 등은 똑같이 접근이 쉬운 것들이다.[160]

결국 포스트모더니즘 논의는 의미의 관심을 가진다. 다시 말해서, 의미와 쾌락과의 관계뿐만이 아니라, 권력과 권위와의 관계에도 관심을 가진다. '누가 의미를 결정하는가?' 그리고, '누가 해석할 권리를 가지는가?'에 대한 질문에 먼저 제임슨과 같은 비관주의자이면서 이성주의자인 사람들은 다국적 자본이라고 대답한다. 레코드, 의상, 영화, 텔레비전 쇼 등은 시장과 시장경제가 결정한 산물일 따름이다.

반면 보드리야르와 같은 비판주의자이자 비이성주의자들은 '어느 누구도 아니다'라고 대답한다. 즉, 우리를 둘러싼 기호는 작위적이라는 것이다.

또한 이안 챔버스나 래리 그로스버그 같은 낙관주의자의 대답은 상품을 사고 그것에다 자기 표시를 하는 소비자 자신과 유행을 만드는 이들(stylist) 그리고 하위 문화주의자(subculturalists)들이라고 말한다.[161] 이렇듯 포스트모더니즘 이론은 가치 다원론이 적용된다고 하겠다.

# 제 6 장

## 한국 대중문화의 역사적 전개

일제 식민지시대의 대중문화
1920, 30년대 대중문화
1930, 40년대 대중문화
1950년대 대중문화
1960년대 대중문화
1970년대 대중문화
1980년대 대중문화
1990년대 대중문화
2000년대 대중문화

지금까지 대중문화란 무엇이며, 그것에 대한 다양한 이론들을 살펴보았다. 그렇다면 서양보다 대중사회의 출현이 늦었던 우리나라에서의 대중문화는 어떻게 성립되고 발전해 온 것일까?

문화란 정치 · 경제 · 사회적 상황과 밀접한 관계를 가지는 것이기 때문에, 시대별로 그것의 특징과 그 양상이 다르게 나타난다. 그러므로 6장에서는 역사적 전개에 따른 우리나라 대중문화의 특성을 간략하게 살펴보도록 하겠다.

## 1. 일제 식민지시대의 대중문화

우리나라에서 '문화의 산업적 특성과 자본주의적 상품의 속성'을 가진 '서구적 대중문화'의 특성이 처음으로 나타난 시기는 일제 식민지 치하였다.

일제 식민지 시대에 대중문화의 형성과정을 살펴보면, 먼저 정치적으로 대중문화를 이용하여 식민통치를 용이하게 하고자 하는 '이데올로기의 도구'로서 이용하는 과정이었고, 문화적으로는 일본을 통해 이식된 외래문화가 기존의 전통문화에 대해 그 영향력을 확대시키는 근대화의 과정이었다. 따라서 당시 우리나라 대중문화는 과거 다양한 민중의 전통문화는 단절되고 식민지 일제 치하에서 일본의 문화가 이식된 것이라고 볼 수 있다.

## 2. 1920, 30년대 대중문화

일제 강점 이후, 독립을 위한 민족운동인 3 · 1운동의 실패는 일제치하의 대중들에게 커다란 좌절감을 심어주었다. 이러한 사회적 분위기에서 1920, 30년대 문화의 성격은 일제에 대항하는 참여문화와 현실을 도피하고 개인적인 슬픈 감정을 표현하는 센티멘탈리즘의 문화로 양분되었다.

당시 대중에게 유행하고 있는 대중가요와 연극은 엔카(演歌)와 신파극(新派劇)으로, 이들은 감상주의 문화의 대표적인 것이었다. 이들이 다루는 주제는 주로 '남녀간의 애정으로 인한 슬픔'이나 '고향을 잃고 방랑하는 슬픔'으로 그 속에 표현된 주된 정서는 감상적인 신파였다. 이러한 신파정서는 식민지 치하에서 고통 받는 당시 대중들에게 카타르시스의 감상적 출구가 되기에 충분했고, 대중문화 전반에 확산되어 대중들에게 큰 영향을 미쳤다. 그런데 여기서 주목할 것은 이러한 식민지시대 신파정서가 현재 우리나라 대중문화에도 여전히 그 영향을 미치고 있다는 점이다. 요컨대, 일제 식민지 속에서 처음 형성된 우리나라의 대중문화는 정서적 측면에서 일본식 문화와 정서의 영향을 절대적으로 받았음을 알 수 있다.

## 3. 1930, 40년대 대중문화

1930년대 일제 총독부는 과거에 비해 더욱 대중문화 전반에 대한 철저한 정치적 검열('활동사진필름검열규칙', '레코드취체규칙' 등)을 실시하여, 일제 식민지에 저항하거나 현실을 부정적으로 인식하는 어떤 문화도 용납하지 않았다. 그래서 30년대 후반 특히 40년대에 들어서며 우리나라 대중문화는 일제 식민통치를 찬양하는 충실한 도구로 전락하였다.

그런데 여기서 우리가 주목해야 할 것은 일제 강점기 총독부에 의해 시작된 대중문화에 대한 정치적 검열이 해방직후에도 끝나지 않았고 그 내용과 틀은 계속해서 군사정권까지 지속되었다는 점이다.

따라서 우리나라의 대중문화는 정치로부터의 독자성과 자유성을 획득하는 데 상당히 긴 시간이 필요했음을 알 수 있다.

## 4. 1950년대 대중문화

광복과 함께 시작된 미군정에 의해 우리나라의 대중문화는 일제 식민지시대 일본 문화의 영향권에서 미국문화의 영향권으로 새롭게 재편되어 갔다. 또한 6·25전쟁에 의해 높아진 미국의 위상과 전쟁 후 미군주둔은 1950년대 우리나라의 대중문화에 있어 미국문화에 대한 맹목적인 동경과 유입을 가속화한 시기이다.

6·25전쟁은 우리 대중들에게 미국은 '우리를 구해 준 은인'이자 '풍요롭게 잘사는 나라'라는 친미 이데올로기를 내면화시키면서 미국 문화에 대한 맹목적 동경을 갖게 하였다. 그리고 이러한 것은 전쟁이 끝나고 미군이 전국에 주둔하면서 가속화되었다. 주한 미군을 위로하기 위해 만든 미8군 무대는 많은 한국 연예인들을 양성하였고, 특히 미군 기지를 통해 유입되는 미국 문화의 향락적 요소는 당시 전쟁 후의 절망적 상황에 처한 우리나라 대중들에게 큰 반향을 일으켰다. 예를 들면, 전후의 많은 대중가요를 영어가사로 부른 것이나, 미국 문화 중 하나인 사교춤이 유행한 것은 기본적으로 미국의 삶을 모방하고 미국 문화를 동경하는 대중심리를 잘 드러내는 것이라고 할 수 있다.

뿐만 아니라, 50년대 후반부터는 미국의 AFKN 방송이 시작되어, 우리나라 대중들이 미국의 다양한 문화를 직접 접할 수 있는 통로가 생겼다. 이러한 미국문화는 전쟁 후 미국을 동경하는 마음과 동시에 절망스러운 현실을 도피하고 싶은 당대 대중들의 심리와 맞아 떨어져, 우리나라 대중문화에서 급속하게 유입·확산되었다.

따라서 당시 대중들에게 미국의 문화와 문물을 빨리 받아들이는 것은 더 나은 삶의 수준으로 올라가는 것처럼 인식되었고, 이러한 미국문화의 막대한 영향력 하에 있는 우리나라 대중문화는 친미주의와 반공주의의 냉전이데올로기를 전파하는 도구로 이용되었다.

## 5. 1960년대 대중문화

앞에서 일제 식민지 시대부터 1950년대까지 대중문화의 특성을 살펴보았는데, 이들 시기는 실질적으로 온전한 의미에서의 대중사회가 존재했다고 하기에는 무리가 있다. 따라서 오늘날 우리가 말하는 자본주의 대중문화가 나타난 것은 경제개발로 인해 농촌이 해체되고 도시중심의 교통, 통신, 교육, 매체가 발달하기 시작한 1960년대라고 할 수 있다.

1960년대 초 집권하게 된 박정희 정권은 '근대화'의 기치아래 국가주도의 경제성장 정책을 밀고 나갔다. 5·16쿠데타로 정권을 잡은 박정희 군사정권은 자신의 '정당성'과 '반공 및 근대화'의 이데올로기를 확산시키기 위하여 매스미디어의 체제를 정비하였다. 그 결과, 1961년 12월 31일 KBS-TV의 개국을 시작으로 1964년 12월 7일에는 동양 TV 방송이, 1969년에는 MBC-TV가 개국하였다.

그러므로 1960년대에는 방송을 비롯한 매스미디어 체제의 정비와 함께 그에 대한 제도적 통제 역시 이 시기를 통해 정비되었다. 1963년 방송법을 제정하여 방송국의 감독 및 시설 허가를 명시하고 방송윤리위원회를 설치하여 프로그램 통제를 실시한 것을 시작으로 뒤이어 영화법, 출판법 등 다양한 제도의 정비가 이루어졌다.

또한 1960년대에는 매스미디어의 보급과 함께 대중문화가 확산되면서 그에 대한 검열과 규제 장치도 함께 강화되었다. 이 시기에 영화윤리위원회, 방송윤리위원회, 예술윤리위원회 등의 심의 기구들이 만들어져 대중문화에 대한 사전검열을 시행하였다.

이처럼, 우리나라에서 매스미디어의 보급과 확산의 배경에는 군사정권의 정권 홍보와 근대화 이데올로기 확산이라는 목적이 있었고, 따라서 이러한 것은 1960년대 매스미디어의 성격과 한계를 보여준다.

## 6. 1970년대 대중문화

1960년대 '고도성장'의 경제정책에 의해 우리나라의 산업화와 근대화가 본격적으로 이루어지면서 1970년대 한국 사회는 본격적인 대중사회의 성격을 띠게 된다. 또한 1960년대 이루어진 매스미디어의 보급과 확대는 1970년대에는 더욱 가속화되어, 매스미디어의 일반화가 이루어진 시기이다.

대표적인 대중매체인 TV 수신기의 보급률만 살펴보더라도 폭발적인 증가를 보여 60년대 10만 대에 불과하였던 것이 70년대 후반에는 4백만 대를 돌파하였다. 이러한 대중매체 보급의 팽창은 대중문화에서의 매스미디어 산업을 가능하게 만들었고, 이는 매스미디어에 대한 독점자본의 영향력이 확대되는 것을 의미한다. 따라서 1970년대 대중문화는 과거의 문화보다 상업주의 경향이 강화되었으며, 이러한 추세는 대중문화를 더욱 감각적이고 향락적인 문화로 만드는 원인이 되었다. 이처럼 1970년대 대중문화는 매스미디어의 팽창에 의한 산업화와 그 산업을 지배하는 독점자본의 출현과 확대, 그리고 문화상품으로서의 생산 · 유통 · 소비의 구조적 기반이 완성된 시기라고 할 수 있다. 그러므로 1970년대는 대중문화가 본격적인 문화상품으로서 소비되기 시작한다.

그런데 대중문화의 산업화가 일어난 1970년대는 정치적으로 박정희 군사정권의 장기 집권을 위한 유신헌법과 체제가 출발한 시기로, 안보 이데올로기를 중심으로 한 국가의 사회적·계급적인 통제가 삼엄한 시기였다. 따라서 대중문화에도 이미 1960년대부터 존재했던 다양한 검열기구와 제도가 한층 더 억압적인 검열로 강화되었다. 그런데, 검열기준(반공이데올로기와 같은 정치적인 것 이외에도 중요한 기준으로 퇴폐·외설·폭력 등이 있었다)이 명확하지 않고 검열관의 자의적 해석이 가능한 것이어서, 실질적으로는 대중문화 검열을 통해 유신이념을 국민적으로 홍보하고 이데올로기적 기반을 다지는데 이용하고자 한 것임을 알 수 있다.

따라서 1970년대 초반 '억압적인 현실'에 대해 '당시 정치적·사회적으로 무관심한 문화에 대한 반격'으로 왜곡된 현실에 대응하고자 하는 '청년문화'(통기타, 청바지, 미니스커트 등)가 젊은 이들 사이에 확산되었다. 하지만 이것 역시도 70년대 중반이후 문화에 대한 정치적 규제들(긴급조치)이 차례로 발표되면서 대부분 억압적인 통제(금지곡 선정, 구속 등)상황에 놓이게 되었다.

이러한 유신체제에서의 정치, 사회 전반의 경직된 분위기는 대중문화 전반에도 엄숙주의를 요구했다. 이러한 국가의 정책으로 인해 아이러니하게도 자유를 추구하고자 하는 대중들에게 퇴폐와 향락주의 문화가 확산되는 현상을 초래하였다.

## 7. 1980년대 대중문화

80년대를 집권한 제5공화국은 1979년 박정희 대통령이 피살된 후, 12·12 쿠데타를 일으킨 신군부에 의해 세워진 공화국이다. 따라서 유신체제 시절 못지않은 대중문화에 대한 완전한 통제와 억압이 이루어졌는데, 먼저 '언론통폐합'을 통해 대중매체를 장악하여 정부의 홍보창구 역할을 하게 했다. 또한 왜곡된 정치상황으로부터 국민들의 주의를 다른 쪽으로 돌리기 위해, 정책적으로 대규모 문화행사(국풍81, 88올림픽)를 개최하고, 컬러 TV 방송을 실시하며, 스포츠 · 레저산업(프로야구를 비롯한 프로스포츠 산업 시작)을 집중적으로 육성하였다. 따라서 1980년대는 정부의 보호아래 독점 대기업 자본의 본격적인 문화진출이 이루어졌던 시기였다.

그러므로 80년대 대중문화의 성격은 신군부의 정치적인 엄격한 통제와 독점자본 위주의 고도성장 정책에 의해 정치 · 사회적으로 타락한 윤리의식이 확산되고, 현실로부터의 도피를 부추겨서 향락산업의 번창을 낳았다. 따라서 대중문화 전반에도 향락주의와 소비주의가 팽배했다.

이렇게 5공화국의 억압적이고 폭력적인 통치는 80년대 대중문화의 향락주의를 가져오게 했지만 한편으로는 그에 저항하는 문화적 운동을 일으켰다. 즉 1970년대부터 시작된 탈춤 · 마당극 등 민중예술운동의 맥을 이어온 민중문화는 1980년대 중반부터 조직적인 틀을 갖추면서 다양한 영역에서의 본격적인 문화운동으로 발전하였다. 그러나 다양한 민중문화 활동이 벌어졌음에도 그런 활동이나 성과는 매스미디어로부터 철저히 외면당했고, 검열의 장벽을 넘을 수 없었기 때문에 합법적인 시장을 통해 일반 소시민들인 대중에게까지 전파되기는 어려웠다.

이렇게 80년대에 있어 대중문화에 대한 인식은 두 가지 측면, 즉, 대중의 향락주의와 민중의 저항주의(혹은 대중문화와 민중문화는 지배와 저항)라는 이분법적 논리가 작용했다.

## 8. 1990년대 대중문화

80년대까지의 대중문화는 각 시대의 정치적인 이데올로기를 표현하는 수단으로, 매스미디어 역시 정치적 선전도구로써 이용되었다. 그러나 90년대에 들어와서 국외에서는 동구 사회주의의 몰락으로 냉전이데올로기가 종식되었고, 국내에서는 1987년 6월 항쟁 이후 과거 정권과 비교하여 개인의 자유와 권리가 존중되는 민주주의 사회로 바뀌었다. 따라서 정치와 경제라는 거대 담론이 무성했던 80년대와는 달리 90년대에는 차츰 문화와 일상이라는 작은 담론들이 새로운 화두로 떠올랐다. 즉, 대중문화와 민중문화라는 경계는 사라지고 오히려 대중문화 속에 민중문화가 흡수되기 시작했다.

그러므로 1990년대의 문화담론은 지금까지 것과는 완전히 다른 패러다임인 새로운 담론－신세대문화, 포스트모던문화, 페미니즘문화, 디지털문화 등－들을 쏟아내며 문화의 탈정치화의 특성을 지니게 되었다. 뿐만 아니라 대중문화에 대한 거대 독점자본의 영향력이 더욱 강화되어 자본이 대중문화를 지배하는 현상을 낳게 되었다. 탈정치사회에서 산업으로의 문화상품이 되어버린 대중문화의 대표적인 경향으로 쾌락주의를 들 수 있다.

또한 1980년대 말 시작된 대중문화의 세계화는 90년대 들어서면서 본격화 되었다. 따라서 이 시기에는 대중문화를 국제화시키는데 주력하였고 동시에 일본을 포함한 여러 나라의 문화개방이 적극적으로 이루어졌다.

## 9. 2000년대 대중문화

지금까지 우리나라의 대중문화가 역사적으로 어떻게 형성되고 발전되어 왔는지를 살펴보았다. 이를 통해 90년대 이전까지의 대중문화는 진정한 의미에서 대중들이 즐기는 문화라기보다는 위로부터 정치적 목적에 의해 이뤄진 문화로 부정적 의미인 매스 컬쳐의 의미로 사용되었음을 알 수 있다.

그러나 1990년대에 들어와서 탈정치화 된 문화로서의 대중문화가 만들어지면서 그것을 바라보는 시각 역시 달라졌다. 대중문화를 다양한 문화들이 공존하는 파퓰러 컬쳐로서 긍정적으로 인식하기 시작한 것이다. 그 결과 90년대 중반 이후 우리나라에서도 대중문화에 대한 연구가 활발히 일어나고 많은 대학에 대중문화예술대학원이 생기면서,[162] 이제는 대중문화가 고급문화에 대한 대척점의 의미로서가 아닌 대중사회에서 대중이 함께 공유하는 문화의 의미로 자리매김 하고 있다.

그렇다면 2000년대 대중문화가 지닌 특성은 어떤 담론들로 이야기 될 수 있을 것인가?

이에 대해 필자는 이미 4장에서 살펴 본 문화주의론자 윌리엄즈의 문화에 대한 정의－일상생활의 텍스트 및 실천행위들과 교류하는 데서 만들어지는 '평범한' 사람들의 '살아있는 경험'을 문화라고 정의－에 동의한다. 동시에 5장에서 포스트모더니즘으로 대중문화를 바라본 리오타르의 시각－포스트모더니즘은 모든 보편적 대서사의 특권적 진리가 몰락했음을 알리는 징후이며, 그 대신에 문화적 차별성에 근거하여 차이를 주장하는 주변의 다양한 목소리가 늘어나고, 동질성보다 이질성이 부상하고 있음을 입증하는 것－에 중점을 두어 2000년대 우리나라 대중문화의 특성과 의미를 살펴보고자 한다.

특히 최근 2년간 우리나라 대중문화를 분석함에 있어 현재 그것을 관통하는 몇 개의 커다란 키워드들로 분류하여 그것의 의미를 밝히고자 한다. 바로 해체, 멀티, 쌍방향, 이미지, 자연스러움으로의 회귀 등 다섯 가지 키워드이다.

# 제2부

# 제 7 장

## 2008 한국 대중문화 5대 키워드! 〈해체〉
## -해체되었다고 없어진 것은 아니야! 새로워졌을 뿐…

에로스적인 사랑의 대상에 대한 가치관의 해체

성역할의 해체

나이 역할의 해체

사랑에 성별은 중요하지 않아!!
XX와 XY가 만나 사랑을 형성하는 경우가 일반적이지만 XX와 XX 혹은 XY와 XY가 만나 사랑을 가꾸어 가는 경우도 있다.
가장 중요한 건 어떻게 살아가는 것.

현대 대중문화에서 나타나는 특성을 밝힐 수 있는 키워드 중 하나는 '해체'이다. 리오타르는 서구사회에서 나타나는 문화의 특징을 '대서사(Grand recit)에 대한 불신'이며, 동시에 대서사 장치의 폐기-'정당화(legitimation)'라고 설명한다. 이는 모든 보편적 대서사의 특권적 진리가 몰락하기 시작하고, 그 대신에 문화적 차이를 주장하는 주변의 다양한 목소리가 늘어나는 것을 의미한다.

과거 산업화시대에는 에너지와 권력의 집중이 중요했다면, IT발달과 같은 새로운 통신 테크놀로지의 혁명은 모든 분야에서의 '분산'이라는 반대의 효과를 가져왔다. 재택근무, 전자 카탈로그, 대중 매체의 분할, 산업의 탈집중화는 이러한 대변혁의 초기적 지표들이 된다.[163] 그렇기 때문에 과거엔 사람들이 독재타도나 냉전 이데올로기에 대한 저항 등 '우리'의 공통된 문제(거대서사)에 관심이 많았다면 1990년대 민주주의 사회가 시작되고 그것이 자리를 잡아감에 따라 2000년대에 들어와서는 각 개인의 '삶'의 문제로 그 관심의 초점이 옮겨갔다.

따라서 대중문화에 있어서도 기존의 사회관습이나 통념보다는 자신이 생각하는 가치와 개성을 존중하여 행복을 추구하는 방향으로 변화되고 있다. 즉, 이전의 사회를 지배했던 대표적인 이데올로기나 가치관을 비롯해서 기존의 관습이나 상식의 틀을 깨는 '해체'가 대중문화의 전반에 걸쳐 일어나고 있다.

## 1. 에로스적인 사랑의 대상에 대한 가치관의 해체

먼저 대중문화의 영원한 주제인 '사랑'에 있어서 기존의 에로스적인 사랑의 대상에 대한 모든 것-예를 들면 '나이', '상황', '성별' 등-의 해체가 일어나고 있다. 우리가 에로스적인 사랑이라고 하면 대부분 '이성'과의 사랑을 떠올린다. 뿐만 아니라 대상이 이성이라고 해도 그가 처한 상황(예를 들면, 사랑할 대상인 이성은 반드시 결혼하지 않은 싱글이어야 하며, 나이에 있어서도 경제력이 있는 남자가 여자보다는 나이가 같거나 더 많아야 한다는 등. 또는 설령 여자가 나이가 많더라도 10살 이상은 안된다는 등)을 고려해야만 한다는 암묵적인 사회의 통념이 있다.

그런데 2000년대에 들어와서는 이러한 사회가치관이나 통념이 해체되는 현상이 대중문화 속에 확산·수용되고 있음을 알 수 있다. 따라서 이러한 대중문화에서의 에로스적인 대상에 대한 '나이', '상황', '성별'의 해체현상을 다양한 분야에서 구체적으로 살펴보았다.

### 1) 사랑엔 나이가 중요하지 않아—연극 〈19 그리고 80〉

연극 <19 그리고 80>은 시나리오 작가로 유명한 콜린 하긴즈의 작품 <헤롤드와 모드>를 원작으로 한 것으로 <헤롤드와 모드>는 1980년 시즌에 브로드웨이에 처음 선을 보인 이후, 유럽을 거쳐 세계적으로 호평 받은 작품이다. 우리나라에서 이 작품은 2003년 초연(연출: 장두이, 제작: 박정자)되어 2007년까지 꾸준히 공연되고 있는데, <19 그리고 80>이라는 연극의 제목에서 알 수 있듯이 19살 청년이 80살 되는 할머니를 사랑한다는 이야기를 주제로 하고 있다. 이 작품의 줄거리는 삶에 싫증나 오로지 끝을 바라보고 사는 청년(헤롤드)이 80살에 죽기로 결심했지만 그래도 매일 새로운 걸 해보고자 하는 할머니(모드)와의 진솔한 만남을 통해 삶의 가치를 깨닫고 진정한 사랑을 알게 된다는 이야기이다.

이 연극 대사 중 "어떤 사람이 무모하게 악마의 성이라고 불리우는 무서운 성에 갇혀 있었어. 그러던 어느날 그는 한 번도 본적이 없는 찬란한 새를 봤다고 했지. 하지만 몇 년 뒤 그가 석방됐을 때 그는 그 때의 그 새가 그저 평범한 한마리 갈매기라는 것을 알았지."라는 80세 할머니인 모드의 말에 "저 새는 언제나 찬란하게 빛나는 아름다운 새일 거에요"라고 대답하는 19세 소년 헤롤드의 마음에는 사랑이 자리잡고 있음을 알 수 있다. 마지막 그녀의 80살 생일에 구애하며 키스하는 장면은 관객들에게 '사랑에는 대상의 나이가 그다지 중요하지 않다'라는 것을 단적으로 보여주고 있다.

이렇게 남녀 간의 사랑에 있어서 60살의 나이 차이보다는 그와 교감하는 감정이 더욱 중요하다는 생각은 기존의 사랑에 대한 우리의 관습을 해체하는 시각이라고 볼 수 있다. 즉, 과거에는 '할머니는 여자가 아니다'라는 시각과 동시에 나이 차이가 많이 나는 여자를 어떻게 사랑할 수 있을까? 하는 의문들이 많았다면 이제는 자신의 느낌이나 생각이 사회적 통념보다 더 중요하다는 시각을 보이는 것이다.

연극을 본 관객들의 소감 역시 대부분 "정말 슬프고도 행복한 사랑이었어요. 헤롤드와 모드의 사랑이야기가 너무 예쁜", "상투적이고 유치하고 짜증나는 이야기가 아닌 가슴 한곳에서 밀려나오는 찡한 감동과 훈훈함 그리고 따스함이 느껴지는"[164] 연극이라고 평가하고 있다. 즉, 과거에는 거부감이 들 수 있는 할머니와 소년의 사랑이야기가 이제는 그 진실함만 통한다면 감동적으로 다가올 수 있다는 것이다.

이러한 것은 단지 서양연극 속의 허구적인 이야기만은 아니다. 실제로 통계청에 따르면 2007년 초혼부부의 혼인연령차 구성비가 이전과 비교해 남성연상은 줄어드는 반면 동갑 및 여성연상의 구성비는 꾸준히 증가하는 추세[165]이다. 이러한 사회 현상을 반영하듯 최근 인기를 끌었던 드라마-예를 들면 <올드미스 다이어리>(2004, KBS-2TV 일일시트콤), <내 이름은 김삼순>(2005, MBC-TV 수목드라마), <여우야 뭐하니>(2006, MBC-TV 수목드라마) <사랑에 미치다>(2007, SBS-TV 주말드라마)-에서도 주인공들이 모두 여성 연상커플들로 남녀가 사랑을 하는데 나이 차이에 대한 통념이 상당부분 해체된 것을 알 수 있다.

또한 해가 갈수록 여성연상의 나이도 점점 많아져, 최근에는 남자보다 여자의 나이가 10살 이상 차이나는 부부들이 다양한 TV 프로그램에 등장해서 그들의 일상적인 삶을 보여주고 있다. 구체적인 예로 2007년 KBS-TV <인간극장-사랑하게 해주세요>(5.14~18)에서 16살 나이차가 나는 여성연상 부부인 이정수(37), 김경선(53) 부부의 사랑이야기가 소개되었다. 이 프로그램은 10여년 전 직장 동료로 만나 사랑하게 되고, 16살이라는 나이 차이를 극복하고 결혼해서 현재까지도 행복하게 잘 살고 있는 과정을 다큐멘터리 형식으로 진솔하게 담아내고 있다.

이들의 방송 출연 후 시청자들의 반응을 살펴보면 '사랑에는 국경도 나이도 다 부질없는 것(ID: oung0203)', '사회적 고정관념을 벗어날 수 있게 해준 계기(ID: kbr84)', '두 분 참 이쁘고 좋아 보여요(ID: solseum)', '두분이 아름다워요(ID: smj3455)', '잉꼬부부 파이팅.^__^(ID: tjfwlrekf)'과 같이 그들의 사랑에 감동하고 응원하는 글들이 많았다.

이것은 과거에 비해 이들을 바라보는 사회적 인식이 많이 달라졌음을 의미한다. 단적으로 불과 10년 전 만해도 나이차이가 많은 연상연하 커플에 대한 사회의 시각은 대부분 냉담했지만, 이제는 그들의 행복한 삶을 위한 것이라면 그들의 선택 역시 인정해주는 사회적 분위기가 형성되고 있는 것이다. 따라서 앞으로도 대중문화에서 사랑하는 대상에 대한 하나의 틀로 작용했던 '나이'에 대한 해체는 계속해서 이뤄지리라 생각한다.

### 2) 사랑엔 상황은 중요하지 않아-드라마 〈내 남자의 여자〉

과거의 가치관 속에서 에로스적인 사랑의 대상은 반드시 '미혼'이어야만 했다. 혹여 그 대상이 기혼이라면 그것은 금기시되는 것으로 사랑이 아닌 외도로 평가되며 도덕적으로 상당한 비난을 받았기 때문이다. 그래서 과거 대중문화(특히 드라마, 영화, 연극 등)에서 유부남 혹은 유부녀와의 사랑 즉 '불륜'은 주로 가정에서 일어나며, 잠시 일상을 일탈했던 치명적인 실수, 혹은 숨기고 싶은 비밀스런 치부로 취급되었다. 따라서 일반적인 가정에서 일어나는 이야기가 아닌 소수의 특별한 이야기로 인식되었던 것이다.

그러나 2000년대에 들어오면서 개인주의가 팽배해지고 사랑에 대한 기존의 도덕률마저 해체되면서 '불륜'에 대한 우리 사회의 인식 또한 달라졌다. 즉, 자신이 사랑하는 사람이 기혼이라도 그 사람과의 관계만 만족한다면 얼마든지 교제가 가능하다고 생각한다. 또한 이러한 것은 도덕률의 잣대로 평가하기에 앞서 진정 행복한 삶을 살기 위해서 처해진 상황보다는 자신의 감정에 충실하게 살아가고자 하는 '인간의 기본적인 욕망'의 표출로 이해될 수 있다고 생각한다.

이러한 인식의 변화는 2007년 여러 면에서 많은 화제를 낳은 드라마 <내 남자의 여자>(SBS-TV)에서 잘 드러난다. 드라마 <내 남자의 여자>의 전반적인 줄거리는 가장 친한 친구의 남편에게 정열적인 사랑을 느끼게 되어 내 남자로 만들어보지만, 그 정열적인 사랑 역시도 일상이라는 틀 속으로 들어가게 되면 다시 무덤덤한 것이 된다는 이야기이다. 방송당시 <내 남자의 여자>는 선정적인 옷차림, 여자들의 격렬한 격투 등 계속되는 자극적인 소재들로 여러 논란거리도 있었지만, 그럼에도 불구하고 이 드라마가 다른 불륜 드라마와 차별되는 것은 불륜의 과정(불륜을 저지르고 그것이 발각되기까지의 과정)보다 불륜이 일어난 후의 일(불륜이 일어나게 된 원인, 불륜을 받아들이는 각 인물들의 심리상황이나 가치관의 변화)을 다루고 있다는 것이다.

따라서 이 드라마에서는 '불륜'을 '사회적으로 금기시되는 사랑'이라는 도덕적 잣대로써 평가하기 보다는 반복되는 삶속에서 '열정적인 로맨스'라고 느끼는 인간의 감정과 그에 따른 행동에 대한 깊이 있는 성찰을 하고 있다. 그래서 <내 남자의 여자>에서는 기존의 불륜드라마에서 보여주었던 선악 인물의 대립-가해자(외도한 인물과 함께 한 대상)는 가정파괴범으로 악한 인물이고 피해자(외도의 상대 배우자)는 가정만을 충실했던 선한 인물-이라는 권선징악의 시각 대신에,

한 가정이 불륜이라는 상황에 처하기까지 각 인물들의 살아온 삶의 모습들과 그들의 가치관을 조명함으로써 궁극적으로는 우리 모두가 불륜의 가해자 혹은 피해자가 될 수 있다는 열린 시각을 보여준다.

다시 말해서, 매일 반복되는 지루한 일상으로부터 벗어나고 싶은 남편 '준표'와 자신의 일생을 맹목적으로 자식과 남편에게만 쏟아 부었던 아내 '지수' 그리고 남과는 다른 열정적인 사랑으로만 살아갈 수 있다고 생각하는 '화영'은 단지 드라마 속 특별한 인물들의 이야기가 아닌 어쩌면 현대사회를 살아가는 우리 모두가 가진 문제일 수 있으며, 그런 문제들을 우리는 어떻게 받아들이고 고민해야 할 것인가 하는 질문을 던져주고 있다.

"지수 못 버려요. 가정 못 깹니다. 근데, 그 여자도 잃고 싶지 않아요. 이성은 지순데 감정은 그 여자예요."(5회, 아내와 화영을 두고 갈팡질팡하는 준표) "너는 되는데 왜 나는 안돼?"(12회, 외도한 남편에게 하는 지수의 말) 등의 대사에서 알 수 있는 것처럼 <내 남자의 여자>는 인물들의 선악구도에 의지하지 않고 불륜에 처한 각 인물들의 심리묘사와 행동들을 현실감 있고 생생하게 그려냄으로써 평론가들과 시청자들에게 기존의 불륜 드라마와는 차별화되는 것으로 호평 받았다. 결국 이 드라마는 '불륜'을 바라보는 기존의 도덕적 가치관에서 벗어나 현재 시대의 '진정한 의미의 부부관계'란 어떤 것인지, 그리고 과연 '진정한 사랑은 또 무엇인지'에 대한 고민을 보여주고 있다.

이렇게 현대의 대중문화는 에로스적인 사랑의 대상으로 과거에는 금기시되었던 기혼자와의 사랑이 이제는 자신의 감정에 충실한 '하나의 선택'으로 작용한다. 이는 단지 드라마에서만의 이야기는 아니다. 각종 포털 사이트의 채팅방이나 카페들은 이제 공공연하게 그러한 선택을 할 수 있는 창구로 대중에게 열려있는 상태다. 한 유명 포털 사이트에는 유부남을 사랑하는 사람들의 모임인 카페가 개설되어 3,000명이 넘는 회원들이 활동 중이다.[166] 또한 케이블 방송 <tvN>에서도

<충격고백! 우리 애인은 유부남>이라는 제목으로 유부남과의 사랑을 직접적으로 다루기도 했다.[167]

따라서 현대 대중문화에서 유부남과의 연애가 표면화되는 현상은 기존의 가치관이 해체되고 '자신에게 만족을 주는 사랑을 위해서라면 사회 도덕률은 문제되지 않는다'는 현재 사회의 새롭게 변화된 가치관의 반영이라고 볼 수 있다.

### 3) 사랑엔 성별은 중요하지 않아

#### 드라마 <커피프린스 1호점>

최근 우리 사회는 에로스적인 사랑의 대상에 대해 '반드시 이성이어야만 된다'는 기존의 가치관('미풍양속' 또는 '신의 섭리' 등의 가치관)이 해체되고 자신의 취향과 기호에만 맞는다면 동성애 역시도 가능하다는 가치관이 확산되기 시작했다. 그렇기 때문에 대중문화의 다양한 분야에서 '동성애'에 관한 코드는 관심을 끌게 되었고 그것을 바라보는 시각 역시 과거에 비해 상당히 열리게 되었다.

물론 1990년대 중반 이후 우리 사회에서 동성애자에 관한 여러 가지 모임과 단체가 생기고 그로 인한 성담론과 성의 정치학이 분출되기 시작했지만[168] 그럼에도 불구하고 그것을 사회 전반에 공론화시켜 대중의 전반적인 이해를 얻기에는 여전히 어려운 주제였다.

하지만 2000년에 들어와서 동성애의 코드는 1990년대에 비해 더욱 대중문화 표면에 떠올라, 2001년 영화 <번지점프를 하다>(2001.2.3 개봉, 김대승 감독, 이병헌, 이은주 주연)를 시작으로 2002년에는 <로드무비>(2002.10.18 개봉, 김인식 감독, 황정민, 정찬, 방은진 주연), 2005년 <왕의 남자>(2005.12.29 개봉, 이준익 감독, 감우성, 정진영, 이준기 주연) 등에서 다뤄졌다. 그리고 2007년에는 <가면>(2007.12.27 개봉, 양윤호 감독, 김강우, 김민선, 이수경 주연)과 같은 영화뿐만 아니라 <커피프린스 1호점>과 같은 지상파 드라마에까지 주된 소재로 방송되기에 이르렀다.

드라마 <커피프린스 1호점>은 남성적인 면과 여성적인 면을 동시에 갖춘 소녀가장 '은찬'이 남장을 하고 남자들만이 근무하는 커피프린스 1호점에 들어가 겪게 되는 이야기로 결국 주인공 '은찬'은 남자 주인공 '한결'과 사랑에 빠지게 되고 동시에 자신의 비전도 찾게 된다는 해피엔딩이다.

하지만 남장여자라는 주인공 '은찬'의 상황은 시청자들만 아는 것일 뿐, 남자 주인공 '한결'은 '은찬'을 같은 남자로 알고 있었다. 그렇기 때문에 점점 '은찬'을 사랑하게 되는 그의 마음은 고통이었으며, 결국 그에게 키스하고 사랑을 고백하는 부분은 실제로 동성애의 모습을 보여주는 것이었다.

그러나 이에 대해 작가는 "네가 남자건 외계인이건 이제 상관 안 해. 가보자, 갈 데까지 한번 가보자."라고 말하는 남자 주인공 '한결'의 대사를 통해 동성애에 대한 기존 편견을 더 큰 인간애의 관점에서 넘어서고자 했다고 제작의도를 밝혔다.

이러한 동성애에 대한 시청자들의 반응은 이전과는 확연히 달라졌다. 실제로 시청자 게시판에는 "누구나 한번쯤은 있을 수 있는 일이라는 생각이 든다"(ID: PIGAZZI)는 의견이 있었다. <커피프린스 1호점>은 '남장여자라는 트릭장치'를 씀으로써 동성애를 가볍게 다뤄서 시청자들에게 '동성애'라는 것이 이전보다 훨씬 더 거부감 없이 받아들여진 것이다. 이에 대해 시인 김혜영의 시각은 상당히 공감이 간다.

> "공기 같은 세대다. 가벼운 터치로 현실을 걸어가되 무게중심을 잃지 않는 새로운 세대다. 자신이 좋아하는 일, 남들이 바라보는 시선보다는 자신의 기호나 취향을 존중하는 경향이 읽힌다. 그들에게 거대 서사는 왠지 유행이 지난 청바지 같다."

이렇게 <커피프린스 1호점>은 자신이 사랑하는 대상이라면 기존의 가치관이나 통념, 더 나아가서 금기시되는 모든 것도 과감히 깨뜨릴 수 있는 현대인의 새로운 가치관(새로운 세대의 가치관)을 반영하고 있는 드라마라고 할 수 있다.

### 영화 <쌍화점>

'각자의 개성과 취향에 의한 선택이라면 동성애도 존중되어야 한다'는 변화된 가치관은 최근 우리 영화계에 그대로 반영되어 나타나고 있다. 동성애적인 요소가 우리나라 영화들 중 흥행코드의 하나가 되었기 때문이다.

그런데 동성애를 소재로 다룬 영화들이 그 이전에는 표현에 있어서 상당히 추상적이고 관념적이었다면, 최근에 들어서는 상당히 구체적이고 적나라한 영상으로 담아내고 있는 것이 특징이다. 영화 <쌍화점>(2009.12.30 개봉, 유하 감독, 주진모, 조인성, 송지효 주연)은 그 대표적인 경우이다.

> 최근 들어 '동성애'가 유행처럼 영화 속에 등장하게 된 데는 2005년 12월에 개봉해 전국 관객 수 기준 약 1,230만(영진위 통계)을 동원하며 한국영화 역대 흥행순위 2위를 기록한 〈왕의 남자〉의 성공이 한 몫을 했다. (……) 물론 이 영화는 동성애 자체보다는 연산군 시대를 광대들의 놀이판을 통해 표현한 뛰어난 작품성으로 부각을 받았지만 관객들이 동성애와 같은 소재들에 거부감 없이 익숙해지게 한 측면이 있다. 그러나 최근 몇 달 사이 개봉한 영화들에서 인기 스타들이 앞 다퉈 동성애를 연기하며 이것이 하나의 유행처럼 퍼져가고 있으며 그 수위가 점점 높아지고 있다는 데 문제점이 있다. 현재 개봉 1주일(2009년 1월 6일 기준)도 채 안 돼 전국 관객 수 127만명(영진위 통계)을 돌파한 영화 〈쌍화점〉 역시 동성애를 대표적인 유행코드로 삽입시켜 개봉전부터 관심을 끌었다. (……) 이 영화는 '동성애'와 '이성애'를 혼합시켜 인간의 육체적인 욕망을 적나라하게 그리고 있다.[169]

이에 대해 이 영화를 만든 유하 감독은 '쌍화점은 성정체성이라는 장애를 두고 주인공들의 절박한 사랑의 감정을 담은 멜로드라마'로 정의하면서 '동성애는 시대적인 코드'라고 말했다.

실제로 동성애 문제는 비록 막판에 좌절되긴 했지만 정부가 차별금지법안 입법을 추진했을 정도로 인권적, 법적 차원에서 논의되기 시작한 지 오래이다. 앞으로도 이에 대한 논란은 계속될 전망이다.

## 2. 성역할의 해체

최근 개인의 행복한 삶을 추구하는 데 초점이 맞춰진 우리 사회는 대중문화에 있어서도 다양한 역할(가정 및 사회에서의 구성원으로서의 성역할, 나이에 따른 지위역할 등)에 대한 기존의 고정관념들을 해체하기 시작했다.

### 1) 엠니스족

우리는 역사적으로 오랜 시간 동안 가부장적인 가족구조로 다른 나라에 비해 성역할에 대한 고정관념이 고착화되어 있었다.

> 17세기를 지나 조선 후기에 농민층에서 확립된 가부장제 가족 구조는 바로 조선시대 전 기간을 통해 전개된 농업 생산력과 토지 소유관계의 변동 속에서 농가가 성취한 경제적 자립도의 향상, 이러한 향상이 남성의 경제적 역할의 우위도와 강화에 기초하여 성립하였다. (……) 우선 남성의 쌀 생산 노동의 전담성이 조선초기보다 더욱 강화

되었고 여성은 벼농사에서 점차 배제되면서 면작에 기초한 직포노동을 전담하는 성별 분업 형태가 자리 잡아갔다.[170]

이처럼 조선시대 후기에는 '현금화할 수 있는' 쌀농사를 짓는 남성이 '상품화하기 어려운' 포를 만드는 직조를 담당했던 여성보다 경제적 우위를 지녔다. 그러면서 남성은 여성의 성, 출산력, 노동력에 대한 지배를 하게 된 것이다. 따라서 가정 안에서의 성역할을 살펴보면 전통적으로 남자의 역할은 가정의 경제적 생활을 책임지고 주로 밖에서 일을 하는 반면, 집안의 전반적인 가사노동은 대부분 여자의 몫이었다.

그러나 이러한 가부장적인 가족 내의 성역할에 대한 의식은 90년대 사회적으로 여성의 진출이 많아지고 신세대 맞벌이 부부가 늘면서 바뀌기 시작했다. 2007년 1만 여명의 초·중·고등학생들을 대상으로 '부부 가사분담'에 대한 견해를 묻는 통계에서 78.9%가 '부부가 공동으로 가사를 돌봐야 한다'[171]는 태도를 보이고 있다.

하지만 이런 의식의 변화의 바탕에는 여전히 가정 내의 가사는 '여성의 역할이다'라는 전제하에 '남성이 돕는다'는 성역할의 고정된 관념이 깔려있다는 점에서 완전한 성역할의 해체로 보기에는 어렵다. 특히 부부가 공동으로 가사를 돌보는 것으로 의식이 바뀐 것이 남자들의 자발적 의지라기보다 그간의 여러 가지 의식 교육을 통한 반강제적인 의무에서 비롯된 것임을 부인할 수 없다.

그런데 최근에는 이와는 다른, 가정 내의 성역할의 해체를 보이는 사람들이 생겨나기 시작했다. 가정 내의 육아와 요리 등 가사를 즐겨 돌보는 새로운 남자들, 일명 엠니스(M−ness)족이 생겨나기 시작한 것이다.

엠니스는 남성을 뜻하는 영어 Man의 M에 성질, 상태를 나타내는 접미사 ness를 붙인 신조어로 세계 최고의 트렌드 분석가 매리언 살츠먼의 『남자의 미래』라는 책을 통해 쓰여졌다. 그는 미래 남성 트렌드의 새로운 대안으로 전통적인 남성의 특징인 힘, 명예, 인격과 여성적인 특징인 양육, 소통성, 협력 등을 결합시킨 '엠니스(M-ness : a type of masculinity that results from embracing the positive aspects of both masculine and feminine styles)'를 제시한다. 이는 양성적인 특징이라기보다 성 중립적이고 개인화한 생활방식을 의미해 'my-ness'라고도 부른다.[172]

이처럼 최근 우리 사회에는 과거 여성성 혹은 여성의 취향이나 역할이라고 생각된 고정관념이 무너지기 시작해 단순히 여자의 역할을 돕는 수준에서 벗어나 자신의 취향에 맞고 즐거움이 된다면 어떤 일이든지 할 수 있는 남자들이 나타나고 있다.

### 2) 남성전업주부―〈미스터주부퀴즈왕〉

성역할에 상관없이 자신의 취향에 맞고 즐거움이 된다면 행동하는 경향은 또 다른 새로운 문화현상을 나타내고 있다. 우리 사회에 남성전업주부가 늘고 있다는 것이다. 이러한 것을 반영이라도 하듯, 2005년에는 남성전업주부의 유쾌한 커밍아웃을 주제로 한 영화 <미스터주부퀴즈왕>(2005.9.29 개봉, 유선동 감독, 한석규, 신은경 주연)가 만들어졌다. 유선동 감독은 "한국사회가 아직도 남성성으로 가득하기에 이를 벗어나기 위한 남성의 이야기를 코믹하고 유쾌하지만 감동도 있는 영화로 만들고 싶었다"는 연출의도를 밝혔고, 이 영화의 홍보대사인 9년차 한국 최초 남성전업주부인 차영회 씨는 "<미스터주부퀴즈왕>을 통해 여성전업주부는 자부심을 느끼고, 12만 남성전업주부들은 숨어서 살림하는 일이 없기를 바란다"고 영화에 대한 소감을 전했다.[173]

실제로 통계청은 2006년 비(非)경제활동인구 중 육아·가사 활동을 하는 남자가 15만 1,000명으로 집계됐다고 밝혔다.[174] 이는 사회적으로는 맞벌이 부부가 늘고 여성의 경제적 능력이 향상된 표면적인 이유[175]도 있지만, 그 내면에는 기존 성역할에 대한 가치관이 해체되고 있는 결과라고 하겠다.

한 포털에서 성인남녀 1,018명을 대상으로 '가사와 육아를 전담하는 전업주부 남편'에 대한 의견을 물은 결과 응답자의 67%가 긍정적인 생각을 가지고 있었다.[176] 그런데 그 긍정적인 의견 중에는 '남편이 가사 일에 소질과 흥미가 있다면'이라는 의견이 가장 많았다는 것에 주목할 만하다.

또한 최근 전업주부는 아니더라도 자녀 교육에 적극적인 남성들이 늘면서 '아빠' 마케팅이 강화되는 추세이다. 실제 아가방, 이에프이 등 주요 유아용품 업체에서 운영하는 커뮤니티의 10% 이상이 남성고객이다.[177]

이렇듯, 최근 대중문화에서 전통적인 성역할에 의해 고착된 가족 내의 역할분담에 대한 가치관이 자신의 취향과 소질에 따라 변화되고 있음을 알 수 있다.

### 3) 메트로 섹슈얼(metrosexual) & 그루밍족

이처럼 남·녀로 구분되는 성역할보다 개개인의 능력과 자아실현이 더 중요하다는 '성역할에 대한 가치관의 해체'는 가정 뿐만이 아니라 사회전반에서 나타나고 있다.

과거 외모의 아름다움을 나타내는 뷰티의 개념은 여성의 전유물이었다. 남자는 외모보다는 품성과 그가 가진 능력이 평가의 잣대가 되었다. 그러나 뷰티의 개념 역시 이제는 남성들에게도 그대로 적용되고 있다.

그래서 남성들 역시 자신을 내면 뿐만 아니라 외면적으로도 꾸미는 뷰티에 관심을 가지게 되었다. 그 결과 최근에는 패션과 외모에 관심이 많은 여성취향의 남성인 메트로섹슈얼과 여성의 전유물로 인식되었던 화장이나 성형까지도 하는 남성들인 '그루밍 가이'가 새롭게 나타났다. '그루밍 가이'라는 신조어는 다듬다(grooming, 이는 여성의 뷰티에 해당하는 개념이다)와 남성이라는 뜻의 가이(guy)를 결합해 트렌드 및 개성에 맞게 자신의 외모 및 스타일을 가꾸는 젊은 남성들을 총칭하는 말이다. 따라서 요즘에는 화장하는 남자가 늘고 있고, 더 나아가 성형하는 남자들도 일반화되어가는 추세이다.

이렇듯 과거 틀에 박힌 성역할에 대한 고정관념이 무너지면서 우리 사회가 알고 있던 '남자답다'와 '여자답다'라는 형용사가 무색하리만큼 대중문화 전반의 지각변동이 일고 있다. 그러므로 여자의 전유물이었던 치마도 이제는 취향에 따라 남자도 입을 수 있게 되었다.

기존의 성역할에 대한 고정관념이 깨지면서 유통업계는 맨슈머 마케팅에 집중하기 시작했다. 맨슈머란 남자(man)와 소비자(consumer)를 합친 합성어로 스스로의 개성과 스타일을 추구하고 그것을 위해 적극적으로 소비하는 남자들을 뜻한다. 따라서 산업에 있어서도 과거 남자들을 대상으로 하지 않았던 미용이나 패션에 관련한 산업들이 급증 추세를 보이고 있다.[178]

### 4) 알파걸 & 이브올루션

성역할에 대한 해체의 한 현상으로 새로운 신조어 '알파걸(alpha girl)'이 등장했다. 이 신조어는 미국의 저명한 아동심리학자 댄 킨들런 하버드 대학 교수가 처음 사용한 것으로 공부, 운동, 리더십 등 모든 면에서 남학생을 능가하는 13~17세 슈퍼 엘리트 여학생들을 일컫는 용어였다. '알파'는 최고라는 의미로 그리스 알파벳 첫 글자인 알파($\alpha$)를 딴 것이다.

킨들런 교수는 『알파걸』이란 책[179]에서 알파걸들을 90년대 페미니스트들이 쟁취하려 했던 남녀 평등의 결과로 보고, 태어나면서부터 남자와 모든 면에서 동등한 기회를 가진 그들을 '제3의 물결' 세대라고 정의한다. 남자와 동등한 기회를 가진 여성들은 남성들보다 모든 면에서 두각을 나타내며 더 이상 전투적 페미니스트가 아닌, 열정과 재능으로 세상을 향해 도전하는 '여성이기

전에 인간'으로 규정하며 논의를 전개하고 있다. 따라서 "알파걸은 지금까지 여성적 또는 남성적으로 규정했던 모든 것을 아우를 수 있는 '하이브리드족'이며 독립 지향적이다"라고 정의했다.[180] 즉, 이들은 기존의 여성운동이 지향하는 저항적 여성상에서 벗어날 뿐만 아니라 순종적인 여성상에서도 탈피하는 독립적이고도 관계지향적인 여성들이다.

이 알파걸의 개념은 미국에서보다 우리나라에서 더욱 주목받는 트렌드가 되었다. 2007년 초부터 각종 문화 프로그램은 이 알파걸이라는 용어에 주목했고, 그에 해당하는 여성들을 다큐로 만들어 제작하였다.[181] 특히 SBS－TV '알파걸, 그들이 빛나는 이유'(2007년 6월 17일 방송)에서 전 세계에 불고 있는 여학생들의 약진현상을 조명하면서, 성역할에 대한 고정관념이 없는 창의적인 리더들을 취재해 보여 주었다.

반면 일각에서 알파걸에 대한 주목을 미디어의 과잉 반응이라고 지적한다. 그리고 여전히 우리 사회전반에서의 여성의 지위는 미약하다는 것을 그 근거로 내세운다.

> 알파걸은 여초 현상이라는 말과 같이 남성 우위 사회의 산물이다. 알파걸이라는 단어가 생명력을 잃을 때, 여성에게도 좋은 사회일 것이다. 아직도 여성들은 비정규직의 대부분을 차지하며 임금에서도 여전히 남성과 차등되게 받고 있다. 양극화의 최전선에 있기도 하다. 여성들의 약진, 여초, 알파걸이라는 단어는 여성을 위하는 말처럼 보이지만, 사라져야 오히려 도움이 될 운명에 있다.[182]

물론 성역할의 해체가 완벽하게 이뤄질 때, 알파걸, 우먼파워 등의 말은 무의미하다는 말에 동의한다. 그러나 아직 우리 사회가 그 도달점으로 향하고 있기 때문에 대중문화에서 부득이하게 이런 용어들로 새롭게 변화된 현상을 이해하고 분석하는 것은 타당하다.

따라서 알파걸의 용어사용이나 그 타당성에 대한 논란에도 불구하고 그에 대한 화두－즉 태어나면서부터 남자와 모든 면에서 동등한 기회를 가진 '제3의 물결' 세대(이전의 세대들과는 근본적으로 다른)라는 새로운 성역할에 대한 인식의 해체—는 이미 우리 사회에 던져졌다.

2004년에 외무, 행정, 기술 등 주요 국가자격 시험 8개의 수석이 모두 여성이었고, 2007년 2월 서울대 학위수여식에서 11개 단과대의 최우수 성적자는 여성들이었다. 또한 그해 사법연수원을 수료한 사법연수생 중 판사 임용이 예정된 여성은 전체(90명)의 64.4%였다. 이렇듯 여초현상이건 알파걸의 등장이건 분명한 사실은 최근 우리 사회에서도 기존의 성역할로 구분되던 기득권층에서의 남성위주 역할이 해체되고 여성의 사회적 약진이 시작되었다는 것은 부인할 수 없다.

1960년대 이후로 미국에서는 인권 운동, 흑인 운동, 녹색 운동 등과 함께 여성 운동도 함께 발전해 왔다. 비록 현실적으로 여성이 남성과 동등한 세력을 형성하지는 못했지만, 그 영향력은 누구도 무시할 수 없게 되었다. 이러한 새로운 문화현상에 대해 미국의 미래학자 페이스 팝콘은 21세기는 '이브올루션(EVEolution)'의 시대라고 이야기한다.

'이브올루션'이라는 말은 '이브(Eve)'와 '진화(Evolution)'의 합성어로 여성의 경제적·사회적 능력의 증가를 의미하는 것인데 21세기인 지금이야말로 '이브(Eve)가 세상의 움직임을 좌우할 여성으로 진화(Evolution)하고 있다'는 생각이다.

특히 정치, 사회, 경제, 문화의 모든 영역에서 여성의 진출이 두드러지면서 여성적 사고가 중요시되고 있는데, 이를 이브올루션이라 부르며, 이러한 개념은 특히 경영과 소비의 주체로서 여성의 참여가 활발해진 경제와 기업부문에서 더욱 중요시 되고 있다. 즉 기존의 기업의 마케팅 전략을 기존의 남성 중심의 방법에서 해체하면서 대중문화의 새로운 흐름을 이끌고 있다.[183] 이러한 흐름에 대해 경영학자 톰 피터스도 '지금은 3W 시대'라고 주장하면서 세계화(world), 웹(web)에 이어 여성(women)의 역할을 강조하고 있다.[184] 이러한 것은 실제로 우리나라에서도 인터넷 쇼핑몰 시장에서 매출 1위가 컴퓨터 제품에서 의류로 바뀌면서 확연해지고 있고, 여러 기업에서도 여성을 겨냥한 마케팅이 매우 활발해지고 있다. 기업에서 여성 전문관리직 비율이 1980년 3.5%에서 2005년 17.5%로 높아진 것도 그 예이다.[185]

### 드라마 <주몽> 알파걸 소서노

이러한 21세기 여성의 새로운 모습은 드라마나 영화 등 대중문화에서도 그대로 반영되어 나타난다. 특히 2006년 인기 드라마 중 하나였던 MBC-TV <주몽>의 여자 주인공인 '소서노'의 등장이다. 과거 사극에서 자주 보았던 여성들은 주로 왕의 사랑을 투기하는 후궁의 모습이나, 권력을 얻기 위해 남자들 뒤에서 음모를 꾸미는 소극적이고 의존적인 여성상으로 그려졌다.

그런데 <주몽>의 '소서노'는 이런 기존의 여성의 모습에서 벗어나 남성과 정면으로 맞서는 새로운 스타일의 여성으로 역사 속에서 평가 절하되어 온 여성에 대해 새로운 시각을 제시했다. '소서노'는 진취적 성격과 능란한 무술로 권력 앞에서도 굴하지 않고 자신의 삶을 헤쳐 나간다. 또한 사랑 역시 주체적으로 선택하며 남자 주인공인 '주몽'의 사랑의 대상만이 아닌 조력자로 남는다.

이처럼 당당함과 리더십을 지닌 그녀는 기존의 여성과 남성이라는 성역할의 개념을 해체하며 최근의 알파걸 혹은 이브올루션의 전형적인 예로 보인다. 그리고 이러한 '소서노'는 '소서노 리더십 신드롬'을 불러 일으키며, 2006년 여성들이 가장 닮고 싶어하는 드라마 속 캐릭터로 선정됐다. '한국 여성의 전화 연합'(상임대표 박인혜)이 7개 지역의 702명 여성들을 대상으로 '드라마 속 닮고 싶은 캐릭터'를 면접 설문조사한 결과, 소서노가 52.2%의 지지를 얻어 1위를 차지했다. 조사 결과 많은 여성들이 '자신의 삶을 자신이 스스로 개척하고 자신의 일에 당당하며 적극적인 여성'에 높은 점수를 준 것으로 밝혀졌다.[186] 이처럼 우리 사회 전반에서 그리고 대중문화에서 기존의 틀에 박힌 성역할의 인식으로부터 해체현상이 하나의 트렌드로 자리 잡아가고 있다.

## 3. 나이 역할의 해체

### 1) 40~50대의 해체-나우족 & 노무족

우리 사회는 활동인구의 노령화와 더불어, 나이에 따른 역할의 해체가 문화전반에 걸쳐 일어나고 있는데, 이런 변화된 문화현상을 반영한 신조어로 '나우족'(NOW族←New Older Women), '노무족'(NOMU族←No More Uncle) 등이 있다. '나우족'과 '노무족'이라는 말은 더 이상 나이 든 아줌마·아저씨를 거부하고 가정에는 물론 자신에게도 투자를 아끼지 않는 40~50대 중년 여성과 남성을 일컫는다. 따라서 그들은 나이와 상관없이 자유로운 사고와 생활을 추구하는 성향을 지닌다.

> 49세의 주부 김영미 씨는 매일 건강보조식품을 먹고 수영도 다니고, 계절마다 마음에 드는 옷도 사입는다면서 "내가 나를 행복하고 만족하게 만들어줘야지 누굴 믿냐"고 반문했다. (……) 이에 대해 신경정신과 전문의 김병후 박사는 이런 열풍에 대해 긍정적 시각을 보인다. 평균수명이 50세여서 나이들면 그대로 늙어 죽던 시대에 비해 요즘 중년여성들은 50대 이후에도 여전히 젊고 아름답게 남은 30~40년을 살려는 욕구와 투자는 정당하며 그런 이유로 앞으로는 더욱 놀랄 만큼 젊어 보이는 여성들과 할머니들의 로맨스 등이 '자연스럽게' 받아들여져야 한다는 것이다.[187]

이처럼 과거에는 중년들에게 가정과 자녀가 생활의 중심이었다면 이제는 자신에 대한 행복과 발전에도 더욱 관심을 갖는 21세기라는 새로운 시대의 트렌드를 읽을 수 있으며, 따라서 이제 나이는 단순한 숫자에 불과한 것으로 기존의 나이에 대한 인식의 해체가 일어나고 있다.

이러한 현상은 사회전반으로 확산되어, 40~50대 중년들이 각 산업에 있어서도 이전에는 볼 수 없었던 소비 트렌드를 이끄는 새로운 신소비주체로 부상하고 있다. 따라서 창업시장에서는 이러한 '나우족'과 '노무족'에 대한 열풍이 거세다. 이들은 지금의 사회현상을 이해하고 미래 트렌드를 파악할 수 있는 토대가 되고 있기 때문이다.

### 2) 20~30대의 해체-키덜트족

이러한 대중문화 속 나이에 대한 해체 현상은 단순히 40~50대 만의 이야기는 아니다. 나이는 20~30대 성인이지만 개성이나 취향은 어린아이들이 좋아하는 동심의 코드를 지니고 있는 사람들이 확산되고 있다. 이런 사람들을 신조어로 '키덜트족(kidult)'이라 하는데, '키덜트족'이라는 말은 어린이의 '키드(kid)'와 어른의 '어덜트(adult)'의 합성어인 신조어로 이들은 성인이지만 어린이 같은 소비취향을 갖고 있는 것이 특징이다.

이들은 주로 10대 청소년이 좋아할 캐릭터 상품들을 선호하고 성인용 장남감을 즐겨 산다. 과거의 가치관으로 생각하면 성인인 어른이 아이들이나 좋아할 고양이 캐릭터가 그려져 있는 모자를 쓰고, 더 나아가 생활용품까지 산다는 것은 나이에 걸맞지 않는 행동으로 치부된다.

그러나 이제는 자신이 즐기고자 하는 문화가 나이로 구분되는 것이 아니라 개성과 취향으로 구분되어 있다는 것이다. 아이들은 만화, 캐릭터를 좋아하고 어른들은 명화나 고전을 좋아하는 것이 아니라 자신이 진정 좋아하고 즐기고 싶은 것이 무엇인가가 더 중요해진 것이다. 왜냐하면 최근 대중문화에서 대중들이 최종 도달하고자 하는 목적지는 바로 자신의 행복이기 때문이다.

이러한 '키덜트족'의 증가로 캐릭터 산업에도 눈에 띄는 변화가 일어났다. LG경제연구소는 '2002년 히트상품 트렌드전망' 보고서에서 '키덜트족'이 새로운 소비층으로 등장할 것이라고 예상했다. 실제로 최근 어린이와 청소년을 대상으로 한 여러 캐릭터 업체들이 캐릭터를 활용한 자동차·생활용품 등 키덜트 상품을 시장에 내놓아 좋은 성과를 거두면서, 20~30대의 키덜트족에 대한 마케팅 역시 날로 확대되고 있다. 또한 팬시제품을 중심으로 20~30대의 동호회 모임도 활성화되고 있다. 예를 들어 일본의 대표적인 캐릭터 중의 하나인 '키티'만 해도 모든 집안을 '키티' 상품으로 꾸며놓을 정도의 마니아들이 모인 '키티 동호회'가 많이 존재한다.[188]

# 제 8 장

## 2008 한국 대중문화 5대 키워드! 〈쌍방향〉
## -난~ 당신이 일방적인 것이 싫고~
## 나도 존중받고 싶을 뿐이고!

좋은 얼굴로 혹은 불편한 얼굴로 사람들은 소통한다.
대중적인 것이건 혹은 지극히 개인적인 것이라도, 완전할 수도 있고 불완전해지는 모양일 수도 있다.
그 모든 것이 서로가 마주보는 소통인 것이다.

앞에서 살펴본 '해체' 현상은 이전 시대와는 달라진 대중의 지위와 연관되어 있으며, 늘어난 대중의 파워는 문화에 있어서 다양한 소통이 중시되는 '쌍방향시대', '쌍방향문화'를 만들어내고 있다. 미국인 경영 컨설턴트 도나 프레스트우드는 최근의 경제환경을 산업사회에서 '쌍방향시대(age of interaction)'로의 이행기로 규정하면서 쌍방향시대는 수평적이고 상호작용이 중시되는 새로운 환경(interactive society)[189]이라고 설명했다.

이러한 새로운 환경은 대중문화에도 영향을 주었다. 과거엔 문화생산자와 수용자가 분명하게 나눠져 일방적으로 만들어내고 소비했다면, IT시대인 지금은 그러한 경계선이 모호해지고, 누구나 생산자적 소비자가 되는 '프로슈머'의 시대로 접어든 것이다.

프로슈머는 미래학자 엘빈 토플러가 그의 저서 『제3의 물결』[190]에서 쓴 용어로, 소비자가 직접 또는 간접적으로 생산에 참여하는 방식을 말한다. 이러한 프로슈머는 문화 뿐만 아니라 전 산업 분야에 걸쳐 늘고 있는데, 예를 들면 어떤 제품이 사용자들의 사용경험 및 조언들을 통해 제품을 업그레이드한다면, 결국 소비자들은 제품을 새롭게 개발하는 동시에 아이디어 제공자인 생산자의 역할을 하는 프로슈머가 되는 것이다. 이러한 것은 문화콘텐츠와 문화산업에도 그대로 적용되고 있다. 이렇듯, 쌍방향성 소통은 최근 우리나라 대중문화의 중요한 특징으로 부각되고 있다.

## 1. 미디어에서의 쌍방향 소통

엘빈 토플러는 그의 저서 『제3의 물결』에서 새로운 시대의 커뮤니케이션의 특성을 다음과 같이 이야기한다.

> 독일의 시인이며 사회비평가인 엔첸스베르거(Hans Magnus Enzensberger)는 과거의 대중매체에 있어서 "수용자와 전달자 간의 기술적 구분은 생산자와 소비자간의 사회적 분업을 반영하고 있다"고 지적했다. (……) 시청자는 메시지 발송자에게 직접적으로 반응하거나 서로 영향을 주지는 못했다. (……) 이에 반해 새로운 커뮤니케이션 수단의 가장 혁명적인 특징은 그것 대부분이 서로 영향을 준다는 것이다. 즉 개개의 사용자는 외부로부터 이미지를 받아들일 뿐 아니라 이미지를 만들거나 보낼 수 있게 된다. 송수신 겸용 유선 TV, 비디오 카세트, 값싼 복사기, 테이프 레코더 등 모두가 커뮤니케이션 수단으로 개인의 손아귀에 있게 된다.[191]

### 1) 방송에서의 쌍방향소통: 보도·교양프로그램

90년대와 달리 최근의 멀티 미디어에서 가장 크게 달라진 점이 있다면 역시 미디어에서의 생산자와 수용자간 쌍방향 소통이라고 할 수 있다.

특히 지상파 보도·교양 프로그램의 경우 기존의 녹화방송을 생방송으로 바꾸면서 또, 기존의 생방송 포맷이더라도 시청자의 의견을 실시간으로 듣는 쌍방향 소통이 늘어나고 있다.

> TV, 쌍방향 커뮤니케이션이 대세다. 생방송으로 진행되는 프로그램 등이 방송과 동시에 문자서비스를 통해 시청자들의 의견을 수렴, 공개하고 있다. TV의 시청자 쌍방향 커뮤니케이션은 지상파 방송 3사의 개편 이후 두드러진 현상이다. KBS-2TV 'KBS 8시 뉴스타임'을 비롯해 최근 생방송으로 전환한 MBC 'PD수첩', KBS-1TV '사미인곡' 등이 대표적이다.[192]

이처럼 2007년 '뉴스타임'(KBS-2TV)은 시청자가 생방송되고 있는 뉴스와 관련해 궁금한 것이 있으면 문자로 보내 그 답을 얻을 수 있는 포맷이고, 2008년 'PD수첩'(MBC-TV)은 생방송

중 방송에 대한 시청자의 의견을 실시간 문자로 받아 그것을 방송하는 포맷을 도입하기도 했다. 이러한 변화는 방송이 시청자들과 좀 더 가까이 가고자 하는 취지에서 비롯되었는데, 그 이면을 들어다보면 방송 소비자로서의 시청자들의 위상이 그만큼 높아졌음을 보여주는 것이기도 하다.

과거에는 방송제작진 사이에서 '방송을 만들 때 그 수준을 우리나라 중학생 평균수준으로 맞추면 된다'는 이야기가 있을 정도로, 방송생산자인 작가나 PD가 소비자인 시청자보다 정보접근에 우월하다는 전문가 의식이 팽배했다. 따라서 방송은 제작자의 입장이나 시각을 전달하거나 더 나아가서는 무지한 대중을 깨우쳐야 된다는 일종의 시혜의식까지 있었던 것이다.

그러나 최근 IT의 발달로 정보화 사회, 유비쿼터스 시대가 됨에 따라 시청자 역시 과거의 일방적인 방송 소비자에서 벗어나 블로그, 미니홈피, UCC 등 무수한 정보들을 자신의 시각으로 취사선택해 생산할 수 있는 새로운 환경이 조성되었다. 이러한 환경은 단순히 일방적인 방송의 소비자에서 소비자적 생산자인 프로슈머로 시청자의 역할을 바꾸고 있다.

### 2) 방송에서의 쌍방향소통: 예능프로그램

시청률에 민감한 오락프로그램은 시청자와의 쌍방향 소통을 넘어서 시청자의 프로슈머로서의 역할을 중시하고 있다. 대표적인 프로그램으로는 네티즌들의 제보로 이뤄진 KBS-TV <개그콘서트>의 "골목대장 마빡이" 코너와 SBS-TV <신동엽의 있다! 없다?>가 있다.

#### 골목대장 마빡이[193]

2006년 8월에 개그콘서트에 첫 선을 보인 "골목대장 마빡이" 코너는 4명의 개그맨이 나와 모두 이마를 치면서 각기 자신만의 하나의 행동을 계속 반복하며 대화를 나누는 콘셉트로 이뤄졌다. 이 코너는 같은 행동을 계속해서 해야 되는 개그맨을 힘들게 만들고, 그런 힘든 것을 멈추지 못하게 하는데서 웃음을 유발시켰다. 그로 인해 이 코너는 '가학적인 이상한 행동을 왜하는가?' 라는 시선을 받기도 했다.

그러나 그러한 이상하고 바보같은 행동이 어린이들에게는 우스꽝스럽고 재미있게 다가오고, 어른들에게는 동네에 모여 딱히 놀이감 없이 몸 자체를 가지고 놀이 삼았던 어린 시절에 대한 향수를 불러일으켰다. 그래서 "골목대장 마빡이"는 전 국민이 따라하는 '국민 놀이'가 되었다.

하지만 많은 개그 코너들이 그랬듯, 이렇게 단순한 포맷으로 인기를 오래 끌기엔 한계가 있었다. 따라서 방송계 일각에서는 '마빡이'가 그리 오래가지 못할 것이라 예상했지만 그러한 예상은 빗나갔다. 제작진은 많은 사람들이 마빡이의 '이마치기'를 따라할 뿐만 아니라 자신의 개성과 관심있는 테마로 응용하고 있다(골프에 관심있는 사람이라면, 골프치는 행위와 연관된 행동을 이마치기에 적용하는 식으로)는 것에 착안해 시청자 참여 UCC를 방송에 도입하고 더 나아가서 시청자들의 의견을 방송에 실시간으로 공개하며 시청자들과 쌍방향 소통을 시도하였다. 이러한 제작진의 예상은 적중했고, 전 국민은 마빡이 열풍에 빠지게 되었다.

> 보통 개그 코너는 시청자들의 눈과 귀에 익숙해지면 신선함이 떨어져 인기가 하락세를 걷는 것이 당연하다. 그럼에도 '골목대장 마빡이'가 7개월 이상 인기를 지속할 수 있는 것은 제5의 마빡이 멤버가 있기 때문이었다. 바로 시청자들이 인터넷 게시판에 올린 마빡이의 새로운 동작과 아이디어가 그것이다. '개그콘서트'의 제작진은 "마빡이가 인기를 얻자 UCC 동영상을 통한 네티즌의 참여가 많아졌다. 시청자 참여가 더욱 활발해져 코너가 더욱 활기를 띠는 것 같다"고 밝혔다.[194]

영상에 있어서 UCC는 프로슈머의 대표적인 콘텐츠라고 할 수 있다. <개그콘서트>의 "골목대장 마빡이" 코너는 이런 프로슈머의 특성을 잘 도입하여 시청자가 제작에 참여하고 일정부분의 몫을 하게 만든다는 점에서 쌍방향시대의 트렌드를 잘 읽어 성공한 대표적 프로그램이라고 할 수 있다.

### 신동엽의 있다! 없다?[195]

"골목대장 마빡이"와 같이 시청자가 프로슈머로서의 쌍방향 소통을 하고 있는 프로그램으로 <신동엽의 있다! 없다?>가 있다. '내가 만들고 발굴해내는 특종 콘텐츠! 당신이 만드는 <신동엽의 있다! 없다?>는 다르다!!!'라는 프로그램 소개에서 알 수 있듯이 <신동엽의 있다! 없다?>는 다양한 정보가 넘쳐나는 시대에 우리에게 특이하고 화제성 있는 정보를 시청자들에게 제보 받아 신속하게 전달하는 프로그램[196]이다.

따라서 달라지는 미디어환경에 걸맞게 시청자들의 맞춤 방송을 만들어 나가고 시청자들에게 궁금증 해결과 정보제공이라는 긍정적인 면을 가지고 있는 <신동엽의 있다! 없다?>는 쌍방향 문화의 트렌드를 잘 읽은 프로그램이라고 할 수 있다.

그러나 이 프로그램의 장점인 쌍방향 소통과 시청자의 프로슈머 기능을 온전히 활용하지 못할 때, 자칫 새로워야 할 정보들은 모두가 알고 있는 진부한 것이 되고 시청자들에게 식상하다는 평가를 받기도 한다. 예를 들면, 기존에 다른 매체를 통해 밝혀졌던 내용들이 마치 새로운 정보처럼 방송하는 경우가 있는데, <우리 동네에는 의문의 소리나는 도로가 있다 없다>편[197]의 경우 지상파 뉴스에서 이미 다룬 내용을 다시 방영하여 시청자들에게 지적을 받았다.

> 이봐요, 이거 작가님들은 뉴스를 안 보시나 봐요, 어떻게 판교가는 외곽도로에 졸음운전으로 사고가 많이 나서, 졸음운전 하지 말라고 홈 파 놓고 달리는 속도에 따라, 속도가 빨라지면 노래가 빨라지고, 속도가 느려지면 노래

가 느려지고 그거잖아요~!! 지금 우리보고 뉴스에서 봐서 다 알고 있는 거 같고, 다시 모르는 척 하고 보란 얘기잖아요, 이거 시청자 무시하는 거 맞죠?? (……) 담부턴 이런 일 없었으면 좋겠네요^^금요일마다 꼭 챙겨보는 프로인데, 제가 왠만하면 이런 글 안씁니다. 그리고 더 좋은 프로그램 만들어주셨으면 좋겠네요…[198]

따라서 시청자들과의 다양한 소통의 방법들을 찾아 다양한 정보를 수집하고 유익한 정보를 전달하는 정보의 '얼리어댑터' 역할을 다할 때, 진정한 쌍방향 프로그램으로서의 의미가 있을 것이다.

### 드라마 <온에어>

방송에서의 실시간 쌍방향 소통은 이제 드라마에까지 나타나고 있다. 과거의 미디어 환경에서는 드라마가 방영되면 시청자들은 그에 대한 불만을 시청자 게시판에 올리거나, 또는 집단 이익이나 명예에 실추되는 것들이 있으면 집단적인 성명서를 내든지 법적인 소송을 하는 정도가 소통의 일반적인 모습이었다. 그러나 최근에 들어서는 드라마가 방영되고 있는 상황에서도 실시간적으로 시청자들의 의견이 그 내용에 반영되는 것을 볼 수 있다.

예를 들면 2008년 방송가의 색다른 소재를 다룬 수목드라마 <온에어>가 바로 그러한 예이다.

SBS 수목드라마 '온에어'에서 김하늘이 기자의 잘못된 용어를 지적하는 대사가 시청자들의 호평을 받고 있다. 26일 방송된 '온에어' 7회에서는 극중 드라마 '티켓 투 더 문'에서 7살 지능을 가진 25살의 '은형' 역할을 맡은 오승아가 기자에게 자신이 맡은 역할을 설명하는 장면이 방송됐다. 김하늘이 자신의 역할을 설명하자 기자는 "정신지체 역할을 맡았단 말이죠?" 라고 반문한다. 그러자 김하늘이 "'정신지체'가 아니라 '지적장애'가 맞는 말이죠!" 라며 똑 부러지게 기자의 잘못된 용어를 지적했다. 사실 '온에어'에서는 그 동안 극중 '은형' 캐릭터를 계속해서 '정신지체'라고 표현해 시청자들 사이에서 논란이 되고 있었다. 실제로 지난해 10월 12일 개정된 장애인복지법에 따라

'정신지체'가 '지적장애'라는 명칭으로 변경되었던 것. 시청자들의 이런 논란을 예상이라도 한 듯 사전제작으로 진행된 드라마 촬영임에도 미리 극중 인터뷰 장면을 매개로 삼아 '정신지체'라는 용어를 '지적장애'로 바로 잡은 것이다.[199]

<온에어>의 김은숙 작가는 드라마 내용에 지적장애인에 대한 지칭을 정신지체라고 썼다. 그러자 방송이 나간 직후 드라마 시청자 게시판에 정신지체가 아닌 지적장애로 그 명칭이 바뀌었다는 지적의 글들이 올라왔다. 결국 작가는 이러한 시청자들의 의견을 실시간으로 받아들여 바로 다음 드라마 내용에 반영했다. 주인공의 대사를 통해 그 명칭이 잘못되었다는 것을 구체적으로 지적할 수 있는 장면을 넣어 자신의 실수를 만회한 것이다.

이처럼 최근에는 사전제작으로 인해 수정이 불가능한 드라마까지 시청자들과 제작진간의 실시간 쌍방향 소통이 이루어지고 있음을 알 수 있다. 이러한 쌍방향 소통은 방송뿐만이 아니라 신문에서도 마찬가지이다.

### 3) 신문에서의 쌍방향 소통

여러 언론사들이 개방과 참여, 공유로 대표되는 '웹2.0트렌드'를 뉴스와 기사에 반영하기 위해 안간힘을 쓰고 있다. 언론사들은 네티즌들의 참여를 이끌기 위해 블로그, UCC 등 새로운 참여와 소통 공간을 마련하고 있다. 이런 움직임은 비단 참여와 소통 도구를 마련하는 것에 그치지 않고, 기사와 뉴스 생산 방식에도 큰 변화를 예고하고 있다. 특히 뉴스제작 단계에서부터 소비자인 네티즌 의견을 적극 수용, 소비자 중심의 콘텐츠 생산에 나서고 있다. 이 같은 움직임은 비단 뉴스 진행뿐만 아니라 기사쓰기에도 앞서 적용되고 있다.[200]

위의 기사문처럼 최근 국내 중앙 일간지들이 네티즌들과 독자의 참여 시스템—즉 UCC와 블로그 그리고 시민기자단 혹은 독자패널 등—을 구축해 기존 독자와의 소통구조를 일방향에서 쌍방향으로 전환, 네트워크 효과를 높이기 위한 시도를 하고 있다. 그 결과 과거에 콘텐츠를 소비만 했던 독자들이 이제는 콘텐츠를 직접 생산할 수 있게 되었다.

이처럼 최근 국내 언론사들이 네티즌들의 참여와 그 통로인 채널을 확대한 것은 쌍방향 시대의 다양한 플랫폼 등장과 이에 따른 변화된 소비패턴에 대응하기 위해서이다. 따라서 쌍방향 문화는 최근 새로운 형태의 신문으로 진화하는데 필요한 트렌드이자 중요한 성장 동력이 되고 있다.

## 2. 엔터테인먼트에서의 쌍방향 소통

과거 90년대만 해도 스타와 팬의 관계는 상당히 수직적이고 일방적이었다. 스타의 모든 일정이나 활동소식, 그리고 사진 등을 그들의 소속사인 엔터테인먼트 회사에서 알려주는 것이 대부분이었고, 팬들은 그러한 것들을 일방적으로 받아들이고 소비하는 사람들이었다. 따라서 팬들은 스타의 소식을 더욱 잘 알기 위해서 엔터테인먼트 회사에 자주 들러야 했고 그들에게 잘 보여야 했다.

그러나 최근 거대 권위들이 해체되면서 스타는 우상이라기보다 자신이 좋아하는 친구와 같은 존재로 바뀌고 있다. 특히 이전과는 달라진 IT환경과 새로운 소프트웨어의 개발로 '모바일'이나 '개인홈피' 등을 통해 스타와 팬이 실시간으로 일대일 소통하는 새로운 문화가 나타나고 있다.

스타와 가수가 일대일 쌍방향으로 교류하는 시대가 왔다. 우편으로 팬레터를 보낸 후 기약 없는 답장을 고대하는

> 것은 이제 구시대 유물. 인터넷 시대, 소프트웨어의 개발과 더불어 스타와 팬의 거리가 확 줄었다. 인터넷 소프트웨어 및 서비스 업체인 ㈜다날은 유무선 팬메시지 서비스 UFO를 선보이고 있다. 보아, 세븐, 동방신기, 빅뱅, 슈퍼주니어, SS501, 소지섭, 이준기 등은 자택과 연습실 등에 모니터 형태의 UFO 전용 단말기를 설치, 팬들이 휴대전화로 보낸 문자 메시지를 읽은 뒤 바로 답장해 준다. 스타가 이동 중에는 UMPC(Ultra Mobile PC)를 통해 쌍방향 서신 교환이 가능하다. (……) 싸이월드 미니홈피를 통해 '일촌'을 맺거나, 방명록에 팬들이 글을 올리면 스타가 댓글을 달아주는 것도 같은 맥락이다.[201]

개그맨 김대범은 KBS-2TV <개그콘서트>의 한 코너인 "골목대장 마빡이"에서 "수능시험을 치른 수험생이 모두 좋은 대학에 가기를 바라는 마음으로 '삼천빡'을 올리겠다. 시간관계상 직접 보여주기 힘드니 동영상으로 제작해 홈페이지에 공개할 것"이라고[202] 시청자들과 약속했다. 그는 실제로 시청자들과의 약속을 실행에 옮겼고, 그 동영상을 자신의 홈피에 올려 화제가 되었다.

> 김대범은 지난 26일 그의 홈페이지에 '삼천빡' 동영상을 게재해 화제를 불러모으고 있다. (……) 김대범은 함께 사는 친구와 서울 곳곳을 돌아다니며 '삼천빡'을 하는 동영상을 홈페이지에 공개했다. 이 동영상을 위해 옥탑방 월세 3개월치를 털어 83만 원짜리 캠코더를 구입했다는 그는 "솔직히 삼천 번을 다하진 못했지만 시간될 때마다 오늘이 오기까지 갈 수 있는 곳은 다 다니며 최선을 다했다"고 말했다. 실제로 김대범은 자신의 옥탑방을 기점으로 지하철, 시청, 경복궁, 보신각, 청계천, 찜질방까지 서울 곳곳을 누비며 '삼천빡'을 시도하는 등 그야말로 대단한 노력과 열정을 엿볼 수 있게 했다. 그의 홈페이지를 방문한 네티즌들은 '삼천빡' 동영상에 감동해 마지않는 분위기다. 셀 수 없이 많은 네티즌들이 그의 동영상을 감상한 소감과 함께 "정말 수고하셨습니다", "개그맨으로서의 열정이 돋보인다", "정말 하실 줄은 몰랐는데…감동 그 자체입니다", "변치않는 모습으로 앞으로도 좋은 활약 부탁드린다" 등 응원의 메시지를 아끼지 않았다.[203]

'방송에서 한 약속을 정말 지킬 것인가'에 대해 의문을 가진 네티즌들은 그의 진정성 있는 시청자들과의 소통에 박수를 보냈고 이는 그를 한층 더 유명하게 만드는 요소가 되었다. 이처럼 최근엔 스타와 팬이 개별적인 소통을 하는 쌍방향 문화가 새로운 팬 문화로 자리 잡고 있다.

뿐만 아니라 이제 스타를 지원하고 더 나아가서 그의 발전을 위해서라면 적극적으로 행동하는 거대조직으로 부상하고 있다. 즉, 배우가 공연(연극이나 뮤지컬 등)이나 영화에 출연했거나 가수가 콘서트나 새로운 앨범이 나왔을 경우 가장 영향력 있는 소비자로 나서는 것이 팬클럽이다. 또한 이들은 엔터테인먼트 회사와의 관계에서도 그 영향력을 키워냈다.

> 지난 1월 그룹 SS501의 팬클럽은 SS501의 데뷔 600일을 축하하기 위한 특별한 이벤트를 마련했다. 'SS501'을 주요 포털사이트의 인기 검색어 1위로 만드는 집단 행동이었다. 전국의 팬클럽 회원은 조직적으로 움직였고 SS501은 예상대로 인기 검색어 1위에 등극했다. (……) 팬클럽 회원들은 조직적으로 '스타 띄우기'에 나선다. '인기 검색어 만들기'가 대표적이다. 특정 기사와 단어를 연이어 검색하고 클릭함으로써 자신들이 추종하는 스타의 이름이 포털사이트 전면에 드러나게 만든다. (……) 여기서 미칠 광(狂)자와 영단어 클릭(Click)이 결합한 '광클'이라는 신조어가 탄생했다. [204]

이와 같은 팬클럽의 대형화 · 조직화는 엔터테인먼트 시장의 확장과 대형 연예 기획사의 등장과 흐름을 같이한다. 인터넷 보급 및 휴대폰 상용화로 인한 팬클럽 회원들의 정보력과 결속력의 강화 또한 그것에 큰 도움이 되었다.

하지만 이전과는 달라진 스타에 대한 팬의 새로운 소통방식은 그로 인한 문제점들을 양산하고 있다.

요즘 10대 팬들 사이에서 스타에게 고가의 선물을 하는 게 유행처럼 번지고 있다. 20만원 대의 엠피쓰리는 기본, 200만원 대의 노트북부터 20대 초반의 팬들은 마음 맞는 사람끼리 돈을 모아 수 천 만원의 차를 선물하는 일도 다반사라고. 스타본인은 물론 스타의 가족 및 방송제작자에게 잘 부탁하며 선물을 보내는 팬들까지 있다는데. 그릇된 경제관념과 팬 의식이 만든 요즘 아이들의 팬 문화를 통해, 왜곡된 10대의 스타사랑을 점검해본다.[205]

이처럼 팬클럽의 규모가 커지자 회원들은 뜻을 모아 자신이 좋아하는 연예인에게 수 천 만원 하는 고가의 자동차를 구입해주거나, 음악시스템을 구비해 주는 등의 힘을 과시하기도 한다. 이런 현상을 두고 '팬클럽 회원들이 대부분 청소년들이라는 점 때문에 그들의 스타사랑의 마음을 너무 상술적으로 이용하는 것이 아니냐'는 학부모들의 불만의 목소리가 사회문제로 이슈화되기도 하였다.

뿐만 아니라 최근 들어 팬클럽의 활동영역이 더욱 넓어져, 회원들은 연예인에 대한 권력을 행사하기 위해 해당 연예인 소속사의 주식까지 구입하여 세력화하고 있다.

아이돌 그룹 슈퍼주니어의 팬클럽 연합체인 엘프는 국내 처음으로 SM 소액주주되기 운동을 펼쳐 현재 6만여주(0.37%)를 구입했다. 엘프 회원들은 슈퍼주니어 멤버 13명에서 멤버를 추가하려는 기획사의 움직임에 반대 목소리를 내기 위해 소속사 주식을 사 자신들의 뜻을 적극적으로 반영시키겠다는 입장이다. 엘프 회원들은 그룹 구성원에 변화를 주면 해당 기획사 연예인 캐릭터상품 등에 대해 불매 운동까지 벌일 태세다. (……) 최근 '슈퍼주니어의 새 멤버 영입설'과 관련해 슈주의 일부 팬들이 벌인 '눈물 시위'는 자신의 스타를 편향적 시각으로 판단하는 팬덤의 한 사례가 됐다.[206]

이와 같이, 스타에 버금갈만한 팬클럽의 권력화 현상은 어떤 대중적인 특정 인물이나 분야에 지나치게 편향된 사람들의 문화적 영향력을 보여주는 '왜곡된 팬덤 문화'의 특성을 보인다.

> 팬덤이란 말은 팬의 문화적·사회적 속성을 통칭하는 말이거니와 우리나라의 경우라면 이른바 '오빠 부대'로 대표될 수 있을 것이다. 광기와 호들갑과 극성, 그리고 편집광에다가 소란과 혼돈은 그 자체가 이미 '팬덤'의 한 속성이다. (……) 이른바 스타라 불리는 대중문화의 우상들에 대한 과잉존경과 동경이 팬덤이다. 인물만이 아니라 문화 범주와 사회현상, 어떤 인간의 행위 등도 역시 팬덤의 우상이 될 수 있다.[207]

그런데 이런 팬덤 문화의 근간에는 문화소비자인 생산자로서의 권리를 갖고자 하는 대중들의 쌍방향 소통의 욕구가 깔려있다. 즉, 이러한 팬덤 문화와 현상들은 자신이 좋아하는 스타에게 좀 더 개인적으로 다가가고 싶어하는 팬들의 소통의 욕구에서 비롯된 것이며, 그 욕구가 잘 소통되지 않을 때는, 왜곡된 팬덤 현상으로 나타날 수 있다. 따라서 이런 문제점이나 부작용들을 극복하기 위해서는 스타와의 다양한 소통의 채널이 필요하다. 그렇게 하기 위해서는 기존의 스타와 팬의 소비적인 일회성의 만남을 넘어, 사회에 대한 봉사나 나눔 등의 지속적인 만남을 가질 수 있는 시스템이 마련되어야 할 것이다.

## 3. 다양한 예술분야에서의 쌍방향 소통

우리나라의 대중들에게 공연장이나 미술관은 영화관에 비해 접근성이 떨어지는 낯선 공간이자 그 내용에 있어서도 이해하기 어려운 것으로 인식되고 있다. 그렇기 때문에 대중들은 이런 낯선 공간들을 기피하게 되었고, 그 결과 소수 사람들만의 공간으로 전락하는 경우가 많았다.

하지만 21세기에 들어와서는 전시회, 음악회 등 순수예술에 대한 접근성을 높이기 위해 관람객과의 쌍방향 소통을 한층 더 강화하고 있다. 이에 대해 세계적인 미디어아트 이론가인 로이 애스콧(영국 플리머스대 교수)은 한국예술종합학교에서 열린 <예술과 테크놀로지 국제심포지엄>(2008)에서 우리 시대는 확실한 것, 고정된 것이 없고 여러 의견과 가치가 충돌하며, '한국은 특히 그렇다'고 말했다. 하지만 이런 의심이 꼭 나쁜 것은 아니며 우리 모두는 '의심의 햇볕(Sunshine of doubt)' 속에서 살고 있다고도 했다.

이처럼 최근 현대예술에 있어 대중의 참여에 따라 얼마든지 그 내용이 달라질 수 있는 쌍방향 소통이 중요한 키워드가 되고 있다.

### 1) 전시회에서의 쌍방향 소통

과거의 미술관은 미술품을 전시·소장하는 닫힌 공간이었다면 21세기 미술관은 참여하고 배우고 즐기는 열린 공간으로 변화되고 있다. 먼저 미술계에 새롭게 불어온 포스트모더니즘 예술은 기존의 장르를 해체시키면서 수용자의 적극적인 참여로 예술작품이 완성되는 형태를 취한다.

> 애스콧 교수는 "19세기 사람들은 '불확실성'을 혐오했지만, 현대인은 거기서 기쁨을 찾는다"고 강조했다. 가령 과거에는 화가나 조각가가 고정불변의 작품을 만들어서 관람객에게 일방적으로 메시지를 전달했지만, 요즘은 미디어아트가 발전하면서 관람객의 참여에 따라 작품 내용이 달라지는 미술 작품들이 나오고 있다. 따라서 인간은 이제 "나비처럼 살아야 한다"는 것이 애스콧 교수의 주장이다. 나비가 이 꽃에서 저 꽃으로 날아다니며 꽃가루를 퍼뜨리고 꿀을 얻듯, 인간도 현실세계와 인터넷에서 다양한 네트워크에 접속하며 정보와 의미를 퍼뜨리고 축적한다. 그는 "미술의 변화에 발맞춰, 미술계의 판도도 변해갈 것"이라고 했다. 가령 회화와 조각 등 전통 장르에 맞춰 건

축된 기존 미술관들은 평평한 벽이 있는 전시실이 여러 개 있고, 널찍한 수장고가 있는 구조다. 그러나 앞으로 생길 미디어아트 전문 미술관들은 과거의 미술관과 전혀 다른 형태일 수 있다.[208]

즉, 과거에는 작가가 작품을 만드는 것까지를 예술행위의 완결로 보고, 관람객은 단순히 그것을 보는 수동적인 대상에 불과했지만 지금은 작가가 만든 작품에 관람객이 보고 직접 동참하는 것까지를 하나의 예술행위의 완결(작품)로 보는 것이다. 따라서 포스트모더니즘 조형물에 있어서 관객이 없다면 궁극적으로 그 예술품은 완성이 불가능하게 되는 것이다.

이렇게 포스트모더니즘 예술은 작가와 관람객의 쌍방향 소통이 중요한 문화로 예술을 어렵게만 느끼던 관람객들에게 작품에 더 가까이 다가갈 수 있는 계기를 마련해 주고 있다.

또한 최근에는 작품 내적으로 쌍방향의 특성을 가진 포스트모더니즘 전시회뿐만 아니라, 작품 외적으로 작가와 관람객이 직접 소통할 수 있는 미술 전시회들이 늘고 있다.

모나리자 등 그림 속 인물은 물론, 미켈란젤로, 다빈치 등 중세 대가들로부터 직접 작품 설명을 들을 수 있는 미술 전시회가 국내에서 처음으로 개최된다. 오는 3월 7일부터 9월 22일까지 200일간 잠실종합운동장 내 살아있는 미술관에서 개최되는 '살아있는 미술관(Alive gallery, www.alive-gallery.com)'은 고대부터 현대까지 서양미술사를 대표하는 명화들을 국내 IT기술로 재현, 작품 속 주인공과 작가들을 직접 보고 대화할 수 있는 신개념의 에듀테인먼트형 미술감상전시이다. 밀로의 비너스, 최후의 만찬, 밤의 테라스 등 원시·고대미술부터 현재미술까지 주옥같은 작품 62점을 선정해 인터랙티브미디어, 홀로그램, 3D입체영상, 특수효과 등으로 살아 움직이는 작품을 재현함으로써 기존의 딱딱하고 이해하기 어려운 미술전시의 단점을 보완했다.[209]

이처럼 21세기 미술전시는 기존의 평면적인 미술전시에서 벗어나 직접 보고, 듣고, 만지고, 대화하며 체험하는 쌍방향 소통을 통한 미술 감상을 추구하고 있다. 따라서 최근에는 전시가 대중과의 소통에 적극적으로 나섬으로써 어렵게만 느껴졌던 미술에 대한 흥미를 갖게 하고 이해를 높이는데 주력하고 있는 것이 특징이다.

### 2) 음악회에서의 쌍방향 소통

대중과의 쌍방향 소통을 시도하는 것은 전시회 뿐만이 아니다. 음악회에서도 역시 마찬가지이다.

> 뉴욕을 중심으로 활동하고 있는 개성파 자매 3중주단 '안트리오'가 31일 오후 7시 30분 호암아트홀에서 청소년들을 위한 사랑의 음악회를 마련한다. (……) 안트리오는 이날 무대에서 켄지 번치의 '스윙 쉬프트: 밤을 위한 음악', 피아 졸라의 '프리마베라 포르테냐' 등 흥미로운 곡들을 연주한다. 학생 관객들을 위해 연주를 시작하기 전에 공연장 예절, 프로그램에 대한 재미 있는 해설도 곁들이며, 공연 후 연주자와 대화하는 시간도 마련된다.[210]

세계적으로 유명한 3중주단 안트리오[211]의 '청소년을 위한 음악회'[212]에서는 어려운 현대음악회의 부담을 덜어주기 위해, 색다른 소통을 시도했는데 이러한 것은 그들이 갖고 있는 음악회에 대한 철학과도 무관하지 않다.

> 전위적이고 파격적인 무대 연출에 실험적인 곡의 초연을 망설이지 않는 '안 트리오'는 격식을 갖춘 클래식 음악회 분위기보다는 청중과 벽을 허물고 자유롭게 교감하는 것을 원한다. "악장 사이에 박수를 치는 사람들이 많을수록, 티셔츠를 입고 온 사람이 많을수록 신이 나죠. 이런 분들은 클래식 음악회에 처음 오신 분들이고 그만큼 새로운 팬이 될 수 있는 가능성이 많으니까요."[213]

즉, 그들에게 음악회에서 가장 중요한 것은 대중과의 소통이기 때문이다. 따라서 이들은 본격적인 연주가 시작되기 전에 무대에 등장해, 그들이 연주할 모든 곡들에 대해 20분 정도 미리 설명을 했다. 연주될 한곡 한곡마다 이 곡이 어떻게 만들어졌는지, 또 무엇을 표현한 것인지에 대해 설명해주고 짧게나마 들려주며 관객들과 소통했다.

예를 들어 줄리어드 음대 동창인 켄지 번치가 작곡한 6악장짜리 모음곡 <스윙 쉬프트: 밤 시간을 위한 음악>을 선곡한 것에 대해 "이 곡은 제 동창이 만든 곡인데요, 사람들은 연주를 하면 꼭 베토벤, 하이든, 브람스, 라흐마니노프 같은 고전음악을 위주로 연주하는데, 그러다 보니 상대적으로 동시대의 천재작곡가의 곡이 연주될 기회는 적은 것 같아서 저희가 소개하고 싶었어요." 라고 하면서 잠시 곡의 서두를 연주한 다음 "한번 들어보세요, 이것은 뉴욕의 밤인데요, 어때요? 그런 느낌이 드시나요?"라고 말하며 대중들의 충분한 공감을 끌어냈다.

이러한 관객들과의 소통방식은 신선했으며 연주회는 대단히 성공적이었다. 처음부터 끝까지 한 번도 들어보지 못한 낯선 현대음악으로 연주회가 진행되었지만 관객들은 미리 설명을 들었던 기억을 되살리며 음악에 몰입할 수 있었기에 지루하거나 어렵게 느끼지 않았던 것이다. 실제로 연주회가 끝나자 많은 사람들이 이 연주회에서 연주된 곡들이 실려 있는 음반을 사기 위해 긴 줄을 섰는데 일반적인 음악회에서는 좀처럼 보기 힘든 광경이었다. 이처럼 최근 음악회는 음악적인 사전 지식이 있는 사람들만이 즐길 수 있는 것에서 벗어나 관객들과 한층 더 소통하려고 하는 쌍방향 문화로 진화하고 있다.

이러한 쌍방향 소통의 노력들이 계속될 때, 대중에게 외면 받고 있는 순수예술의 새로운 지평이 열릴 것이다.

# 제 9 장

## 2008 한국 대중문화 5대 키워드! 〈멀티〉
## –비비고 섞어라!
## 비빔밥이 맛있는 이유는?

문화예술인의 역할에 있어서의 멀티

방송 프로그램에 있어서의 융합에 의한 멀티

문화콘텐츠에 있어서의 멀티

음식, 공간, 패션 문화에 있어서의 멀티

패션문화에 있어서의 멀티

멀티 플레이어, 엔터테이너, 아나테이너. 노래도, 연기도, 글을 쓰고…
항상 바쁘게 살아가는 것, 보라색 꿈을 가지고 있다. 열정속에서 꿈과 즐거움을 느낀다. 하나 이상의 것을 원한다.

21세기는 IT의 급격한 발달로 언제 어디서나 네트워크에 접속할 수 있는 '유비쿼터스'[214]의 시대로 접어들면서 우리나라 사회 전반의 환경 역시 아날로그적인 것에서 디지털로 바뀌게 되었다.

> 유비쿼터스 시대의 패러다임은 다양한 '정보 수집'에서 필요한 '가치 정보'로 자연스럽게 전환된다. 유비쿼터스는 컴퓨터나 네트워크가 모든 공간에 보급된 세계로, 다시 말해 언제 어디에서든 자신에게 필요한 정보를 얻을 수 있는 환경을 말한다.[215]

예를 들면 길거리를 가다가 갑자기 자신의 이메일을 열어봐야 하는 상황이 있다고 가정할 때 과거에는 그 주변 PC방에 달려가 인터넷에 접속해야만 했다면, 이제는 휴대폰으로 네트워크에 접속해서 얼마든지 이메일을 볼 수 있는 시대가 되었다.

이렇게 변화된 환경은 과거에는 상상할 수도 없었던 '속도'의 시대를 만들어냈다. 이러한 시대의 특성은 '한 순간의 다기능을 원하는 대중의 욕구'와 이미 앞에서 언급한 모든 분야에서의 '해체'라는 포스트모던의 특성과 합쳐져, '장르간 넘나들기'와 '융합'에 의한 '멀티'라는 새로운 패러다임을 창출하였다.

포스트모던 문화와 '멀티'는 밀접한 관계가 있다. 거대서사를 무너뜨리고 파편화된 개별적 존재를 그대로 인정하는 '해체'는 포스트모던의 중요한 전략이며, 그것은 속도의 시대에 필요한 생존방법이다. 따라서 이러한 해체는 한 번에 최대의 효과를 누려야 하는 속도의 시대에 부응하고자 '상호작용(쌍방향성)'의 과정을 거쳐 '멀티'로 나타난다. 이러한 '멀티'개념은 최근 2년 우리 사회 대중문화를 이끄는 핫 이슈가 되고 있다.

## 1. 문화예술인의 역할에 있어서의 멀티

### 1) 다양한 장르의 겸업

1990년대와 비교해서 최근 한국대중문화에 있어 문화예술인들의 큰 변화 중의 하나가 다양한 장르를 넘나들며 겸업을 하는 현상을 들 수 있다.

90년대만 하더라도 대중문화종사자들－즉, 가수, 연기자, 공연연기자(연극배우, 뮤지컬배우), 개그맨, 아나운서, 전문가(패널) 등－은 확실한 자신의 분야를 가지고 있었다. 당시 대중문화예술계의 분위기는 한 분야에서의 확실한 전문성을 요구하는 시대였다. 그래서 탤런트 안재욱이나 가수 엄정화와 같이 겸업을 시작한 사람들이 있었지만 일반대중들에게 문화예술인의 장르간 겸업이 온전히 받아들여진 것은 아니었다.[216] 즉 가수가 연기를 하거나 연기자가 노래를 하는 것은 다른 분야를 침범하는 것으로 간주되었고, 따라서 웬만한 전문성을 지니지 않고 다른 분야에 도전하는 것은 상당히 문제적인 것으로 평가되었다.

이런 겸업이 본격적으로 다시 이루어진 것은 2002년도에 들어서인데, 90년대와 마찬가지로 전문성이 결여된 겸업에 대해 바라보는 시각은 여전히 비판적이었다.

> 인기 정상의 남자 탤런트들이 속속 가수로 변신하고 있다. 지난해 말 박광현(26)이 '비소'라는 댄스음악을 들고 나온 데 이어 '야인시대' 돌풍의 주인공 안재모(24)가 얼마전 음반을 발표했다. KBS 미니시리즈 '러빙 유'로 부상한 박용하(26)는 기자회견과 쇼케이스 무대까지 갖고 가수 데뷔를 공식 선언했다. 이들은 싱싱한 나이에 하나같이 매끈한 외모를 자랑하고 있어 기왕의 팬들은 물론 가요계 안팎 많은 사람들의 눈길을 끌고 있다. 그러나 사람들의 눈길이 모두 따사롭기만 한 것은 아니다. 지금까지 '품질 보증'이 제대로 안 된 '탤런트 가수'의 사례들을 숱하게

목격해오면서 많은 가요팬들이 냉소적 시각을 갖게 됐기 때문이다. 가수 겸업 배우의 사례야 해외에서는 프랭크 시나트라부터 제니퍼 로페즈까지 무수하고 국내에도 그 수가 적지 않다. 그러나 가요팬들로부터 그럴듯한 평가를 받은 국내 가수는 드물다. 무엇보다 가창력이 담보가 안되고 프로 가수로서의 근성이 부족했던 탓이다.[217]

이러한 우려의 목소리에도 불구하고 2004년에도 겸업은 계속되었다. 그런데 2002년에는 탤런트의 가수 겸업이 주를 이뤘다면, 당시에는 가수의 탤런트 진출이 대세였다. 이러한 변화의 원인은 대중음악의 환경이 오프라인 음반시장 중심에서 온라인 시장으로 옮겨지면서 불황을 맞게 됐기 때문이다. 결국 가수들의 다른 분야 진출이 불가피하게 된 환경의 변화도 한 몫을 했다.

최근 음반시장의 불황이 깊어지면서 가수 출신 연예인들의 드라마 진출이 두드러지고 있다. 카메오나 단역, 조연 수준이 아니라 주연급으로 대거 발탁되면서 이제는 전업 탤런트들까지 위협을 느끼고 있다. 최근에 데뷔한 가수치고 웬만한 시트콤이나 드라마에 한두 번 출연하지 못했다면 '인기 가수'의 축에도 끼지 못한다는 말이 나올 정도다. 주얼리의 박정아는 현재 SBS 수목드라마 '남자가 사랑할 때'에 주연으로 열연하고 있다. 신화의 에릭은 MBC '불새'에 이어 SBS '일요일이 좋다'의 반전드라마에 출연 중이다. S.E.S 출신의 유진도 지난 9월부터 SBS 드라마 '마지막 춤은 나와 함께'의 주연을 맡아 탤런트 겸업에 도전했다. 그룹 샵 출신의 서지영도 2년 만의 공백을 깨고 11월부터 KBS-2TV 미니시리즈 '미안하다 사랑한다'를 통해 연기자로 변신한다. MBC 청춘시트콤 '논스톱'은 그간 장나라, MC몽, 앤디·전진(신화), 이진, 윤종신 등이 출연해 가수들의 탤런트 데뷔 무대로 자리잡았다. 이밖에도 김동완·이지훈·이현우·엄정화·신성우·임창정·김창완 등이 이미 탤런트로 변신해 각 방송사의 드라마 등에서 활약하고 있다.[218]

그러나 이에 대해 '한국방송영상산업진흥원(KBI)' 이기현 박사는 "한마디로 스타덤(stardom)과

팬덤(fandom)의 증폭작용으로 나타나 '한류열풍'이 불면서 심해졌다"며 "자칫 연기자도 가수도 제대로 못하는 '반쪽 연예인'을 양산해 낼 수 있는 위험한 시도로 이런 겸업이 고착화되면 우리 대중문화의 다양성이 훼손되는 등의 심각한 부작용이 나타나게 된다"[219]는 우려의 시각을 보였다.

그러나 21세기는 앞에서 말한 '속도의 시대'로, 짧은 시간과 한번에 다양한 욕구를 충족시켜 줄 수 있는 '원콘텐츠멀티유즈'가 시대의 트렌드가 되었다. 이러한 경향은 대중문화에서도 나타나 연예계에 있어 한 사람이 다양한 직업을 겸업하는 것－일명 '만능엔터테이너'가 대세가 되었다.

베이비복스의 가수로 출발한 윤은혜는 <일요일이 좋다>(SBS－TV, 2006)의 "X맨"과 같은 예능프로그램에 출연함과 동시에 드라마 <궁>(MBC－TV, 2006)에 데뷔하여 그 이후 <포도밭 그 사나이>(KBS－2TV, 2006), <커피프린스>(MBC－TV, 2007) 등으로 연기자로서도 인정을 받았다.

> 1999년 중 3이었던 어린 나이에 베이비복스 3집 앨범에 합류한 윤은혜는 가수로 활동하던 시절엔 특별한 재능을 선보이지 못한 채 다른 멤버들에 가려 큰 주목을 받지 못했던 것이 사실이다. 하지만 2005년 팀을 탈퇴한 후 연기자 변신을 선언한 윤은혜는 2006년 MBC 드라마 '궁'에서 신채경 역을 맡아 작품의 상업적인 성공을 맛 봤다. 그 후 KBS－2TV '포도밭 그 사나이'로 다시 한 번 입지를 다진 윤은혜는 올해 '커피프린스 1호점'으로 대박을 터뜨리며 '가수 출신'이라는 꼬리표를 떼어버리는 계기가 됐다. (……) 사실 가수 출신 연기자에 대한 대중의 편견은 아직도 상당히 크게 자리하고 있다. 그러하다보니 가수들의 연기 겸업 선언과 관련한 언론보도가 있을 때마다 그 기사에는 네티즌들의 악플로 도배되다시피 할 정도. 윤은혜가 연기자 선언을 했을 당시에도 네티즌들의 반대움직임은 매우 강했고 '궁'이 성공을 거두었을 때만해도 그녀에 대해 부정적인 시각으로 바라보는 이들이 많았다. 그러나 '커피프린스 1호점'을 통해 윤은혜가 아닌 고은찬의 모습을 엿본 시청자들은 그녀를 더 이상 가수가 아닌 연기자로 인정받으면서 제2의 전성기를 누리고 있다. [220]

뮤지컬배우인 오만석 역시 드라마 <포도밭 그 사나이>에서 열연을 펼치며 사극 <왕과나>(SBS-TV, 2007)의 주인공으로 호평을 받았다.

> '주몽'과의 경쟁에서도 시청률 10%대를 유지하며 2006년 여름 뜨거운 인기를 모았던 KBS-2TV '포도밭 그 사나이'의 선전은 괄목할만하다. (……) 이 드라마의 성공요인은 기대이상의 열연을 펼쳐준 배우들에게 있다고 해도 과언이 아니다. '궁'의 성공을 통해 스타로 발돋움했지만 연기력 논란에서 벗어나지 못했던 윤은혜는 배역에 몸을 사리지 않는 노력을 보여주며 팬들의 마음을 돌려놨고, 그녀 나름의 개성을 덧입혀 지현 역할을 맛깔나게 빚어냈다. 오만석은 '까칠'하면서도 정 많은 시골 일꾼 택기의 매력을 100% 뽑아내 표출해주며 연기력 출중한 배우로서 인식됨은 물론 인기배우로서 확실히 발돋움했다. 택기의 인기는 '니 디졌어~' 같은 유행어는 물론, 코믹하게 택기식으로 개사된 '징기스칸 송'까지 유행시키는 활약으로 극의 인기를 견인했다. 포도밭을 통해 지현에게 인생의 깊이를 가르쳐주는 할아버지 이순재의 묵직한 연기는 코믹함으로 가벼워질 수 있는 극의 무게를 잡아줬다.[221]

이처럼 최근에는 가수가 연기자나 뮤지컬배우가 되고, 뮤지컬배우가 연기자나 가수가 되며, 아나운서와 전문가 패널이 예능프로그램에서 엔터테이너의 역할을 하는 겸업의 시대가 되었다.

> 가수·탤런트·영화배우·개그맨 등 전통적인 분류 따위는 아무런 의미가 없다. 1인 2역이나 3역은 기본이고, 그야말로 연예계 전 분야를 종횡무진 넘나드는 영역 파괴의 시대. 진정한 스타가 되고 싶다면 한 가지만 잘해서는 어림없는 요즘이다. (……) 뿐만 아니라 가수 출신 스타들의 연기자 겸업은 하나의 트렌드로 굳건하게 자리 잡았다. 이제는 연기자로 더 친숙한 문정혁(에릭)과 정지훈(비), 윤은혜, 정려원, 홍경민, 탁재훈, 김동완, 유진 등은 영화와 드라마 심지어는 뮤지컬까지 넘나들며 어엿한 주연급 연기자로 자리 잡았다. 한편, 희극인들의 정극 진출도 활발하다. 중견배우 임하룡은 2005년 개봉했던 〈웰컴 투 동막골〉에서 청룡영화상 남우조연상을 수상하며 희극인

> 출신중 연기자로 자리 잡은 가장 성공적인 케이스. 이밖에도 〈사랑과 야망〉에서 열연했던 이경실을 비롯해 고명환, 문천식, 안선영, 강유미 같은 희극인 출신 연기자들이 브라운관의 감초 혹은 비중 있는 조연으로 쏠쏠한 활약을 보여주고 있다. 그런가하면 (……) 토크쇼와 버라이어티 프로그램이 강세를 보이는 최근 TV 예능프로를 중심으로 '방송인'이라는 분류로 엮어지는 새로운 연예인들이 등장하게 되었다. 최근 최고의 주가를 달리고 있는 현영이나 박경림, 노홍철, 붐, 찰스, 하하 같은 연예인들은 알고 보면 하나의 분류로 딱히 구분하기가 쉽지 않다. 예능프로그램의 패널로 톡톡 튀는 입담과 퍼포먼스를 자랑하는 이들은, 때로는 개그맨이고 가수이자 MC, 모델이기도 하지만 한편으로 그 어느 하나에도 묶이지 않는 '종합 엔터테이너'이기도 하다.[222]

그래서 현재는 그 사람이 어떤 직업을 가졌다고 이야기하는 것이 아니라 어떤 곳에 있느냐로 그의 직업이나 하는 일을 판단한다. 즉, 가수나 연기자로 불리는 것이 아니라 그가 지금 무대에 있는지, 혹은 영화촬영지에 있는지에 따라 그가 갖는 핵심지위가 되는 것이다. 과거에는 다른 분야에 침범하는 것으로 여겼던 장르간의 겸업이 최근에는 오히려 연예인이 갖춰야 할 가장 기본적인 능력이 되어버린 것이다.

그런데 이런 만능엔터테이너가 나오게 된 배경에는 멀티라는 시대적 욕구가 대중문화의 수용자뿐만이 아닌 제작자에게도 맞아떨어졌기 때문이다. 신인 연예인이 그 인지도를 빠르게 높이려면 한 장르에만 충실한 것으로는 힘든 시대가 되었다. 다양한 미디어 시대에 다채널 상황을 맞은 연예인에게 여러 가지 모습으로 노출되는 것은 인지도를 올리는 가장 큰 강점이 되었고, 이는 다양한 모습을 지녀야 하는 중요한 요소가 된 것이다.

> 이 같은 영역 파괴현상은 '원소스 멀티유즈'를 선호하는 최근 방송가와 대중문화계의 트렌드에 따른 것이기도 하다. 대중은 연예인들이 다양한 분야에서 재능을 발휘하는 모습을 통해 색다른 볼거리를 얻고, 연예인들은 스스로

의 주가와 경쟁력을 높일 수 있는 일석이조의 효과를 얻게 된다. 예전에 비해 연예인들의 겸업 현상은 자연스러운 추세로 인정되고 있다.[223]

따라서 거대 대형기획사 역시 신인들을 하나의 직업군에 얽매기보다는 다양한 장르에서 활동할 수 있는 만능엔터테이너로 준비시키는 것이 대세가 되었다. 즉, 연예기획사가 투자로 이익을 남기는 문화산업의 하나임을 감안할 때, 이미 대부분의 기획사들은 만능 엔터테이너를 키우는 '헐리우드식의 스타시스템'을 도입한다는 것이다. 그러다 보니 이러한 직업의 겸업은 대중문화에서 여전히 끊임없는 논란의 여지를 낳았는데 2007년 대중문화계에서 가장 이슈로 떠오르는 것 중 하나가 아나운서의 새로운 위치와 역할이다.

### 2) 아나테이너

90년대 대중문화에서 볼 수 없었던 현상 중 하나가 연예인스타에 버금가는 스타 아나운서의 출현이다.

물론 과거에도 신은경과 손석희 등 많은 스타급 아나운서들이 있었다. 하지만 그들은 연예인으로서가 아닌 언론인으로 선망 받는 대상이었기에 대중들에게 그들의 방송외적인 사생활은 관심거리가 아니었다.

그런데 최근 2~3년 전부터 선망의 대상인 아나운서가 대중에게 더욱 친근하게 다가가 스타 이상으로 인기를 끌게 되었다. 이들은 '아나테이너(anatainer)'라고 부르는데, 이것은 아나운서(anouncer)와 엔터테이너(entertainer)의 합성어로 아나운서가 뉴스와 교양프로그램만 진행하는 것이 아닌 예능프로그램에까지 그 활동의 영역을 넓힌 것을 의미한다.

대표적인 아나테이너로는, 먼저 2005년 KBS－2TV <상상플러스>의 “올드앤 뉴” 코너의 초대 MC를 맡은 노현정 아나운서가 있다.[224] 당시 뉴스를 진행하는 노현정 아나운서가 예능프로그램에 투입되어 연예인 일색의 가벼움에서 프로그램을 지적으로 만들어 주는 역할을 맡았다.

연예계의 겸업은 2000년대 이후 계속되어 새로울 것이 없는 상황에서 2005년 아나운서의 예능프로그램의 출연은 그 자체만으로도 신선함과 관심의 대상이 되었다. 모범생 같은 아나운서의 이미지에서 벗어나 다양한 감정 표현들을 보이는 사적이고 일상적인 모습들과, 다른 한편으로는 연예인들의 막말이나 장난스러움을 진지함으로 절제시키는 지적인 모습은 시청자들에게 스타 이상의 관심을 불러일으키기에 충분했다. 따라서 이전에는 좀처럼 볼 수 없었던, 아나테이너로서의 노현정의 모습은 상당히 매력적이었다.

또 하나의 이슈가 된 아나운서로는 2006년 월드컵 중계방송 이후 김성주 아나운서를 들 수 있다. 차범근·차두리 부자와 함께 월드컵 개막전(잉글랜드와 파라과이 전, 2006.6.10) 중계방송을 하게 된 김성주는 기존에 딱딱하기만 했던 캐스터의 모습과는 달리, 솔직하고 친근한 모습을 보여주어 시청자들에게 신선한 충격을 주는 동시에 인기를 끌었다.

> MBC가 월드컵 축구경기 때마다 차범근 차두리 부자의 ‘어록’을 탄생시키며 큰 인기를 얻고 있다. 차 부자가 주목을 받는 데는 캐스터인 김성주 아나운서의 정감 있는 진행이 결정적 역할을 해내고 있다. (……) 김 아나운서는 두 가지 차별화된 모드(mode)를 적절히 구사하며 중계의 리듬을 만들어낸다. 차두리와 마치 친구와 축구경기를 보면서 얘기하듯 다소 장난스런 분위기를 연출하다가도 이내 차범근과는 격식을 차리며 전문적인 해설을 곁들이는 모드로 전환한다. (……) 김 아나운서의 스타일을 보면 대중의 새로운 스포츠 중계방식에 대한 기호를 읽을 수 있다. 경직돼 있다고 할 정도로 차분하고 기계적인 캐스터와 딱딱하고 전문적인 해설가의 조합을 깨고 자유로우면서도 부드럽고, 거기에 감성적인 스타일을 가미한 진행으로의 이행을 원한다고나 할까. 솔직하고 유쾌하며 편

안하면서 겸손하기까지 한 김 아나운서의 매력이 최대로 발산되는 이유는 여기에 있다.[225]

이렇게 지적이고 진지한 이미지의 김성주 아나운서가 편안하고 솔직한 모습을 보여줌으로써 대중들은 열광했고, 이러한 것은 자연스럽게 그의 예능프로그램 진출을 가능하게 했다. 소속방송사는 이런 그의 인기에 편승해, <경제야 놀자>를 비롯하여 <황금어장>, <불만제로> 같은 고정출연 예능프로그램과 각종 특집쇼 등 다양한 성격의 프로그램에 투입하였다. 이는 김성주 아나운서가 연예인스타 못지않은 인기를 얻는데 더욱 힘을 실어주었다.

> 불과 2~3년 전까지만 해도 TV 속 짝사랑 상대는 이영애나 최지우, 고소영, 김선아 같은 '톱연기자'나 김완선, 박지윤 등 미녀가수, SES, 베이비복스 등 '아이돌 그룹'에 한정됐다. 그러나 지금은 '지성-미-끼' 3박자를 두루 겸비한 아나운서들이 연예계 선망의 대상이 됐다. 지상파 3사는 팔방미녀 아나운서들을 각 방송사 대표 이미지로 내세워 시청자들을 유혹한다. (……) 방송 아나운서들의 눈부신 활약은 시대의 흐름일 수 있다. 명동 거리를 걷다가 우연히 캐스팅 된 절세미녀미남 연예인들과는 차별되기 때문이다. 바늘구멍보다 뚫기 어렵다던 아나운서 시험을 통과했기에 일단 기본적으로 지식을 갖췄다. 물론 '끼'면에서는 연예인들에게 뒤쳐질 수 있다. 그러나 최근 신세대 아나운서들의 경우, 연예인 못지않게 잘 논다. 말 그대로 지성과 끼, 덤으로 미까지 겸비한 팔방미인 아나운서들이 등장하기에 시청자들은 빨려 들어갈 수밖에 없다.[226]

이처럼 아나운서는 딱딱한 뉴스를 진행하는 방송국 소속의 직원에서 유명 톱스타 연예인 못지않은 인기를 얻는 대중스타로 자리 잡았다. 포털사이트에 서현진, 박지윤, 최송현, 오상진 등 예능프로그램 MC를 맡은 아나운서들의 일상이 언제나 연예뉴스에 한 이슈로 언급되고 그들이 말만 하면 포털 검색어 순위 1위에 오를 정도로 높은 인기를 얻고 있다.

이에 대해 조건진 KBS 아나운서팀장은 '인터넷 시대에 연예인들의 사생활도 다 밝혀지고 관심을 받는 것처럼 아나운서들도 인기가 높아지면서 이들에 대한 관심이 인터넷에서 커져서 연예인처럼 보이게 된 것 같다'며 '부정적으로만 볼 것이 아니라 아나운서가 그만큼 시청자에게 연예인만큼 가까이 다가갔다고 볼 수도 있다'고 한다.

그런데 이런 방송에서의 아나테이너의 확산에 대해 일부 시청자와 미디어 평론가 사이에서 비판의 목소리도 있다. 실력보다 외모가 우선시되고 연예인과 차별되는 지적인 모습 대신 신변잡기만을 드러내고 있어서 결국 연예인들의 출연과 마찬가지로 식상하다는 의견이다.

하지만 이런 우려의 목소리에도 불구하고 아나테이너의 현상은 2008년에도 계속되었다. 2008년 지상파 3사 프로그램들을 보면－MBC <지피지기>에는 문지애, 박현정, 서현진, 손정은 등이, SBS <일요일이 좋다>의 "기적의 승부사"에는 정미선, 김주희 등이 KBS <스타골든벨>에는 박지윤이, <해피선데이> "하이파이브"에는 이정민이, 그리고 <상상플러스>에 최송현 아나운서 등－아나운서들이 대거 다양한 프로그램, 특히 예능프로그램에 출연하고 있다.

이에 대해 박영만 SBS 아나운서 팀장은 "시대가 변하는 중이다. 선배들에 비해 신입 아나운서들은 자기표현이 확실하고 활발하며 마음이 열려 있는 것 같다"[227]고 말했다. 이처럼 아나테이너의 현상을 아나운서의 '활동영역의 확장'이라고 보는 인식은 이미 방송 3사에서 공감하고 있는 듯하다. 이런 아나테이너 현상 이면에도 역시 대중문화의 주요 트렌드인 '멀티유즈'와 관계가 있다. 제작자인 방송사의 입장에서 보면, 비싼 몸값의 스타연예인과 비교해서 거의 출연료가 들지 않는 자사 아나운서를 여러 개의 프로그램에 기용할 수 있다는 점에서 그렇다.

이런 아나테이너의 확산은 다시 일부 유명 아나운서의 프리랜서 선언 논란을 가져왔다. 2007년 김성주를 비롯해 강수정, 김영일 등의 스타급 아나운서들이 프리랜서로 전업했다. 이는 앞서 언급한 스타급에 준하는 그들의 인기에 비해 실제적인 대우가 너무 부족하다는 것에서 출발한다.

이런 것에 대해 소속 방송사에서는 아나운서를 스타로 만들어준 것에, 의리를 저버리는 행동으로 소위 '괘씸죄'를 적용해 몇 년간의 출연이 불가능한 장치들을 임시방편으로 마련하고 있다. 그러나 방송사 역시 인기가 있는 아나운서의 경우 과도한 프로그램의 기용으로 아나운서로서의 그 기능을 제대로 할 수 없는 부담을 주고 있다는 사실도 간과해서는 안 될 것이다.

실제로 많은 프로를 맡고 있는 아나운서를 만나면 '전폭적인 지원을 받는 연예인과는 달리 의상에서부터 촬영장소로 이동하기까지 모든 것을 혼자 스스로 해야 된다'고 말한다. 또한 '연예인과 똑같이 고생을 하고도 자신은 방송국 소속 아나운서라는 것 때문에 차별대우를 받고 있어서, 심신이 매우 힘들다'고 토로한다.

> 스타 아나운서들이 프리랜서 선언에 대한 욕심을 갖게 되는 배경엔 방송사 역시 책임을 피할 수 없는 게 사실이다. 강수정 아나운서는 KBS 소속일 당시 4개 오락 프로그램과 1개의 라디오 프로그램을 진행하며 단 하루도 쉬기 힘든 일정을 보냈다. 그 와중에 일반적인 아나운서 업무도 봐야 했다. 그렇지만 보수는 다른 아나운서와 똑같기에 상대적인 박탈감을 느낄 수 있었다. 좀 더 여유로운 환경에서 전문 분야를 추구하고 싶은 마음이 생기는 것도 당연했다. 강수정 아나운서는 "예능프로그램에서 전문적으로 활동해 역량을 키우기 위한 욕심에 프리랜서를 선언하게 됐다"고 이유를 설명했다. 김성주 아나운서의 상황 또한 크게 다르지 않다. 결국 방송사가 지나치게 스타 아나운서에 편중하고 의존해 이들을 방송사 밖으로 내몰았다는 지적도 일견 타당하게 들릴 수 있는 현실이다.[228]

이런 아나운서들의 현실을 볼 때, 방송사들이 스타아나운서 만들기에 주력하는 것이 과연 차별화된 전문 MC를 만드는 것이 목적인지 아니면 스타아나운서를 싼값에 마음껏 이용할 목적인지 진지하게 고민해야 할 것이다. 이런 고민이 없는 한 의리만을 강조하는 것으로는, 계속되는 스타 아나운서들의 프리선언을 막을 수는 없을 것이다.

2007년 아나운서협회는 '아나테이너현상'이나 '아나운서들의 프리랜서 선언' 등 아나운서라는 직업 전반에 대해 고민하는 <아나운서 그는 누구인가?>라는 주제로 세미나를 열었다.[229] 21세기 멀티가 문화의 트렌드로 자리잡은 지금, PD, 기자, 아나운서를 구분 짓지 않고 각기 돌아가며 역할을 맡아 방송을 만들어가는 새로운 방송 제작시스템이 전 세계적으로 유행하고 있는 현실임을 감안하여, 아나운서의 정체성과 그 특성을 명확히 구분 짓는 것 자체가 무의미하다는 결론이 내려졌다. 따라서 지금은 '아나테이너의 현상이나 아나운서들의 프리랜서 선언이 문제이다 아니다'를 논하는 것보다, 아나운서가 '연예인들과 차별화할 수 있는 그들만의 전문성을 지니느냐'에 대한 논의가 더 의미가 있다.

## 2. 방송 프로그램에 있어서의 융합에 의한 멀티-인포테인먼트, 에듀테인먼트

앞에서 언급한 대중문화종사자들의 '장르간 넘나들기'나 '겸업' 현상은 디지털 기술의 발달에 의한 엔터테인먼트 산업의 전반적인 지각변동에 기인한다. 즉, 정보통신의 급격한 발달로 엔터테인먼트 산업에서 융·복합이 메가트렌드가 되었기 때문이다.

> 최근의 사회 변화와 디지털 기술의 영향은 엔터테인먼트 산업에서 융·복합이 메가트렌드로 나타나고 있다. 융합의 방향은 내적융합(in-fusion)과 외적융합(out-fusion)으로 나눌 수 있는데, 그 결과 기존 엔터테인먼트 산업간, 그리고 엔터테인먼트 산업과 기타 산업과의 연계가 급속히 진행되고 있다. 내적 융합은 엔터테인먼트 산업 내부의 여러 영역들간 융합을 의미하고 외적 융합은 엔터테인먼트 산업이 다른 산업 및 사회분야들과 만나는 융합이다.
> 내적 융합으로는 영화, 게임, 음악 등 이제까지 비교적 독립적으로 존재해 왔던 산업 영역들이 힘을 모아 하나의

상품을 창조하는 경우를 들 수 있겠다. 구체적으로 영화와 게임의 융합(영화의 줄거리를 스스로 만들어 가는 쌍방향 영화), 음악과 게임의 융합(DDR 같은 댄스 게임이나 음악 게임) 등이 그 예가 될 수 있겠다. 외적 융합으로는 인포테인먼트(Information + Entertainment, = Infotainmnet)와 에듀테인먼트(Education + Entertainment, = Edutainment)가 대표적이다.[230]

이러한 현상은 최근 방송에서도 그대로 적용되어 프로그램에서의 보도, 교양, 오락의 고전적인 영역이 무너지고 대신, 교양이나 뉴스에서 얻을 수 있는 정보(Information)와 예능 오락프로그램에서 얻을 수 있는 즐거움(Entertainment)을 동시에 얻을 수 있는 인포테인먼트(Infotainmnet) 프로그램이나 교양이나 교육방송에서 얻을 수 있는 교육(Education)과 오락프로그램에서 얻을 수 있는 즐거움(Entertainment)을 동시에 얻을 수 있는 에듀테인먼트(Edutainment) 프로그램, 그리고 스포츠와 오락의 즐거움을 얻을 수 있는 스포테인먼트(Sportainment) 프로그램 등이 대세이다.

이렇게 보도, 교양, 오락 등 프로그램간의 영역이 무너지는 것은 최근 대중문화의 화두인 '행복하고 즐겁게 살기'라는 그 지향점과 무관하지 않다. 왜냐하면 포스트모더니즘시대 이전에는 모든 것의 초점이 가벼운 놀이나 즐거움보다는 의미심장한 메시지를 배워야 하는 것으로 맞춰져 있었기 때문에, 다소 지루한 것이라도 그것이 유익하다면 기꺼이 참아야 하는 시대적 통념이 있었다. 그러나 수용자 중심의 시대에서는 제작자의 의도와 그 방송내용의 콘텐츠가 아무리 좋고 유익하다 해도, 그것을 받아들이는 시청자들에게 흥미롭거나 관심을 끌지 못하게 될 경우 외면받기 때문이다.

디지털 시대가 도래하자 이러한 인간의 놀이본능과 연계한 엔터테인먼트 산업이 우리 경제를 이끌어갈 새로운 성장 산업으로 부각되고 있다. 디지털 시대에 살아가는 우리는 이제 잘 먹는 것보다 어떻게 하면 더 재미있게 살까를 궁리하고 있고 이러한 즐거움이나 재미있는 새로운 일을 시작하기 위한 재충전으로서의 가치를 넘어서 그 자체가 목적이 되고 엄청난 부가가치를 만들어 내는 미다스의 손이 되고 있다.[231]

이처럼, 21세기 대중의 문화적인 특성이 네덜란드 사회학자 호이징가가 말한, 인간은 본능적으로 유희를 즐기는 '호모루덴스'라고 정의한 특성에 가깝기 때문이다.

인간이나 동물에게 다 같이 적용할 수 있으면서도, 생각하는 것이나 만드는 것만큼 중요한 제3의 기능이 있으니, 이것이 "놀이하는 것"이다. "만드는 인간"과 이웃하는, 그러나 "생각하는 인간"과는 같은 차원에 속하는 술어로서 취급해야 할 것이 "놀이하는 인간"과는 같은 차원에 속하는 술어로서 취급해야 할 것이 "놀이하는 인간(Homo Ludens, Man the Player)"이라고 생각된다.[232]

따라서 이러한 인간의 유희본능을 만족시켜 비즈니스로 연결하는 것이 바로 엔터테인먼트 산업이고 TV방송은 그동안 대표적인 엔터테인먼트 매체이자 마케팅 창구 역할을 하고 있다.

### 1) 〈스펀지〉

앞에서 언급한 융합에 의한 멀티 기능을 가진 프로그램 중에서 시청자들에게 가장 독보적으로 성공한 것은 바로 정보와 오락의 기능을 동시에 갖춘 인포테인먼트 프로그램이다. 그중에서도 시청자들에게 많은 사랑을 받은 것은 KBS-2TV의 <스펀지>(2003~현재)가 대표적인 프로그램이라고 하겠다. 기존 주말 버라이어티 프로그램이 안고 있던 선정성, 저질성 시비를 벗어나기 위해 기획된 '스펀지'는 평균 시청률 17% 이상을 기록하며, 인포테인먼트라는 용어를 정착시킬 만큼 시청자들과 전문가들 모두에게 좋은 평가를 받았다.

특히 2006년에는 현직 PD가 이 프로그램의 성공의 원인에 대해 논문을 써 박사학위를 받았는데,[233] 그는 논문에서 '<스펀지>는 신지식이라는 이름으로 고정관념을 뒤엎는 데다 스튜디오와 야외 VCR 제작물을 교차시킨 토크쇼·퀴즈쇼 형식을 적절히 혼합, 적당한 긴장과 웃음을 제공하고 있다'며 '재미의 외연 확장에 성공한 인포테인먼트 프로그램'이라고 분석했다.

이처럼 <스펀지>는 기존의 오락프로그램들이 대부분 연예인들의 무의미한 신변잡기를 늘어놓거나 자기네들끼리 농담 따먹기 식으로 일관하면서 '단순하고 일차적인 재미'의 식상함을 느끼던 시청자들에게 신선한 프로그램이었다. 시청자들에게 몰랐던 것을 새롭게 알게 해주는 정보에, 그것을 알아가는 과정에서 놀랍고도 신기한 재미까지 더해져 정보와 다양한 재미를 동시에 주는데 성공했다. 따라서 <스펀지>는 21세기 시청자들의 다양한 욕구를 만족시켜주는 대표적인 프로그램이라고 하겠다.

### 2) 〈베토벤 바이러스〉

앞에서 언급한 <스펀지>와 같이 대다수 인포테인먼트 프로그램들이 오락적 기능을 가진 예능프로그램에 생활 밀착형 정보나 일반적인 상식을 넣어 알려주는 것이 특징이었다면 2008년에는 이와 달리, 예능, 교양 프로그램 뿐만이 아니라 광고나 드라마에 순수예술을 접목시킨 새로운 형태의 인포테인먼트가 등장했다. 이러한 것들은 대중들이 소위 어렵고 지루하다고 생각하는 순수예술에 한층 더 가까이 갈 수 있는 계기를 마련했다.

먼저 순수미술과 소통한 드라마로 18세기를 풍미했던 조선의 두 천재화가 김홍도(박신양)와 신윤복(문근영)의 그림을 주제로 한 <바람의 화원>(SBS-TV, 2008)이 있다. 사실 고전 회화라고 하면 과거 학창시절 교과서에서 볼 수 있었을 뿐, 현재의 일상생활에서는 좀처럼 볼 기회가 없다.

<바람의 화원>은 오락프로그램인 드라마이면서도 매회 신윤복과 김홍도의 그림을 대사 속의 설명을 곁들여 시청자들에게 감상할 수 있는 기회를 마련해 준다는 점에서 인포테인먼트의 성격을 지닌다.

이러한 대중문화와 순수미술과의 융합은 광고에서도 볼 수 있다. 한 전자회사의 광고를 보면 자사의 전자제품을 명화들 속에 자연스럽게 배치하여 순수예술을 끌어들이고 있다. 세계적으로 인정받은 명화들을 가장 대중적인 광고에 접목시킴으로써 대중에게는 명화를 일상 속으로 친근하게 끌어들이고 기업의 입장에서는 자사의 제품의 브랜드를 명화와 동일시하는 고급스러움의 효과를 누리고 있다.

드라마 <베토벤 바이러스>(MBC－TV, 2008)는 괴팍하지만 클래식 음악에 대한 순수한 열정을 가진 천재 지휘자 '강마에'가, 아마추어 단원들을 우여곡절 끝에 제대로 된 오케스트라로 만들어 나간다는 줄거리이다. 오케스트라의 이야기인 만큼 클래식 음악이 드라마 전반에 걸쳐 중요한 역할을 하는데 잘 짜인 감동적인 스토리와 개성 있는 캐릭터에 자연스럽게 조화되는 BGM은 클래식 음악의 매력을 잘 보여주고 있다.

> MBC '베토벤 바이러스'의 중독성이 전국을 강타 중이다. (……) 강마에 신드롬을 일으킬 정도로 대중들이 열광하는 이유는 무엇일까. (……) '베토벤 바이러스'는 대중들이 한번 쯤 들어봤을 법한 친숙한 곡을 적절히 섞어 클래식의 높은 벽을 없앴다는 평이다. 강마에(김명민)가 처음으로 프로젝트 단원들과 연습했던 곡은 주페의 '경기병 서곡'으로 '딴따라 딴따라 딴다단'으로 경쾌한 리듬감이 돋보여 퀴즈 프로그램에 자주 등장하는 곡이다. 아르바이트를 하던 플루트 전공의 고등학생 하이든(현쥬니)이 전직 서울시향 수석 오보이스트이자 치매 노인인 김갑용(이순재)을 처음 만나는 장면에서는 교과서에 등장하는 하이든의 '놀람 교향곡'이 등장한다. 또한 어려운 클래식 곡

을 록이나 다른 장르로 편곡하기도 한다. 강마에가 인천공항에 도착할 때 등장하는 곡은 베토벤의 '교향곡 5번 C 단조 op.67 운명 1악장'을 편곡한 버전이다. 극 중 전자바이올리니스트로 등장하는 주연과 주희가 가끔 선보이는 곡들 역시 비발디의 '사계 중 여름 3악장' 등을 편곡해 색다른 느낌을 준다.[234]

또한 리차드 용재 오닐, 피아니스트 임동혁·서혜경 등 인기 클래식 음악가들이 카메오로 출연하면서 음악드라마로서의 완성도를 높이고 일부 마니아들의 전유물과 같았던 클래식을 대중들에게 한층 더 친근하게 만들었다. 이처럼 <베토벤 바이러스>는 드라마의 오락적인 기능에 클래식 음악이라는 예술이 접목된 훌륭한 '인포테인먼트'로 대중들에게 큰 사랑을 받았다. <베토벤 바이러스>의 인기는 드라마 뿐만 아니라 디지털 음원, 음반, 음악회 등 다양한 장르로 '원소스 멀티유즈'되어 산업적으로도 시너지 효과를 얻었다. 최근 대중문화는 이렇게 순수예술과의 접점을 확대하며 문화콘텐츠의 원소스 멀티유즈의 가능성을 열고 있다.

## 3. 문화콘텐츠에 있어서의 멀티-원소스 멀티유즈

21세기에 들어서 대중들에게 큰 방향을 일으킨 문화예술 콘텐츠들을 살펴보면 90년대와는 확연히 다른 하나의 특징을 가지고 있는데 바로 <원소스 멀티유즈>이다. 즉 한 문화콘텐츠가 다른 장르에서 다양하게 변주되어 재생산되고, 문화산업적으로는 부가가치를 창출하는 것을 의미한다. 특히 같은 서사의 다른 장르화가 두드러지게 나타난다. 과거에는 순수예술이라고 할 수 있는 소설과 희곡 등이 주로 대중문화인 영화, 드라마 등의 장르에서 재사용되었다면, 최근 1~2년 사이에는 좀 더 그 영역을 넓혀 소위 어린이나 청소년 대상의 문화콘텐츠로만 여겨졌던 만화가 다양한 장르로 재생산되었다. 만화가 영화로 만들어진 것으로는 <식객>(2007), <서양골동양과자점 앤티크>(2008) 등이 있고, 드라마로 만들어진 것으로는 <쩐의 전쟁>(SBS－TV, 2007), <타짜>(SBS－TV, 2008), <바람의 나라>(KBS－2TV, 2008) 등이 있다. 또한 뮤지컬로 만들어진 것으로는 <위대한 캣츠비>(2008)가 있다.

원소스 멀티유즈를 가장 잘 보여주는 구체적인 예로 만화 <바람의 나라>가 있다. 1992년 나온 만화 <바람의 나라>(김진)는 1995년 게임 <바람의 나라>(NEXON)로 나왔고, 다시 2006년엔 뮤지컬 <바람의 나라>로 공연되었다. 또한 2008년에는 드라마 <바람의 나라>(KBS－TV, 2008)로 방영되었다. 이렇게 원작 만화를 그대로 가져다 쓰는 드라마는 참신한 스토리가 부재중인 현실에서 2009년에도 계속될 전망이다.

이에 대해 일각에서는 "방송사들이 드라마 창작의 깊이와 다양성에 심혈을 기울이지 않고, 너무 안일한 자세로 원작 만화의 검증된 재미와 흥행성에 치중한다"며 "원작 만화－영화－드라마－애니메이션을 순차적으로 제작해 수익을 극대화하려는 외주사의 '원소스 멀티유즈식 상업주의'와 방송사의 '나태 · 안일주의'가 결합된 문화적 퇴보이자 시청자에 대한 무성의"[235]라고 혹평한다.

그러나 이러한 비판은 스토리텔링 시대에 진부해 보인다. 왜냐하면 21세기 서사는 이전에 단순히 한 장르에서의 스토리가 아닌 다양한 장르와 만나면서 이야기성 · 현장성 · 상호작용성을 포함하는 '이야기하기'인 스토리텔링으로서의 의미를 지니기 때문이다.

스토리텔링이란 문학 · 만화 · 애니메이션 · 영화 · 게임 · 광고 · 디자인 · 홈쇼핑 · 테마파크 · 스포츠 등의 이야기 장르를 아우르는 상위 범주라 할 수 있다. 상위와 하위, 각각의 이야기 장르들은 서로 미학적 영향 관계 속에 있다. 여기서 스토리텔링은 서사 형식의 원형질로 존재한다. 따라서 각각의 장르들은 스토리텔링이란 공통점을 지니면서도 매체의 특성 때문에 형식상의 차이를 띠게 된다. 예를 들어 이야기가 종이 매체에서 표현될 경우 문학이 되고, 영상 매체에서 표현될 경우 영화가 되며, 디지털 매체에서 표현될 경우 게임 등 디지털 서사가 된다. 이제 하나의 스토리텔링은 다른 매체로 옮겨가면서 매체 변주를 하게 되고 새로운 표현방식을 획득하게 된다. 이러한 현상 자체가 OSMU를 대변하며 하나의 콘텐츠가 여러 매체의 콘텐츠로 변주되면서 문화상품을 양산하는 문화콘텐츠 산업의 특징을 보여준다. [236]

또한 이러한 장르간 '상호 텍스트적인 교류를 통한' 트렌스 아트는 문화산업에 있어서의 시너지 효과를 내고 있다. 따라서 컨버전스 시대인 21세기에는 지금까지 다른 영역으로 치부되었던 각 장르를 관통하는 공통 요소를 도출하여, 영역의 개별적인 발전이 전체에 시너지 효과를 주는 방안 마련이 중요하며 이는 문화 산업시대에 당연한 흐름이라고 할 수 있다.

그러므로 그 중심에 있는 스토리텔링은 존폐위기에 놓여있는 21세기 인문학에 있어서의 나아가야 할 길을 모색하는데 중요한 것이 되고 있다. 이런 것을 반영하듯, 2000년 이후 여러 대학에 새로운 전공으로서의 문화콘텐츠분야가 더해지고 있다.

## 4. 음식, 공간, 패션 문화에 있어서의 멀티

### 1) 퓨전 요리

한번에 여러 일들을 하길 원하는 속도의 시대인 21세기는 음식과 공간, 패션에서도 융합을 통한 멀티를 추구하며 우리의 라이프스타일을 변화시키고 있다.

먼저 음식문화에서 90년대에는 한 종류 음식만 전문으로 하는 '맛 집'이 대세였다면 2000년대에 들어와서는 퓨전을 컨셉으로 한 식당들–'피쉬앤그릴', '마실', '천하일품' 등의 퓨전요리 주점이나 럭셔리 떡볶이전문점을 표방하는 '누리미', 그리고 다양한 토핑재료를 가미한 오무라이스 전문점 '오무토토마토' 등–이 눈에 띄게 늘면서 퓨전요리가 일상화되고 보편화되고 있다.

> 그렇다면 이러한 퓨전요리가 국내에 본격적으로 유입되기 시작한 것은 언제부터일까. 전문가들은 90년대 중반부터라고 얘기한다. 1993년 문민정부가 들어서면서 세계화를 주창하고, 해외여행 인구가 급증하면서 세계 각국 퓨전요리에 대한 관심이 높아지기 시작했다. 특히 해외 유학생이 크게 늘어나 왕래가 빈번해지면서 압구정동, 청담동 등지에 이른바 '트렌드세터'로 불리는 젊은이들 취향을 겨냥한 퓨전요리 레스토랑이 우후죽순 격으로 생겨나기 시작했다. (……) 최근 들어서는 이 같은 퓨전화의 거센 바람이 고급 음식점과 레스토랑을 넘어 서민들을 대상으로 한 일반 음식점에서까지 불기 시작했다. 이제 퓨전요리가 일부 특수계층만 향유하던 음식에서 보편적인 음식으로 자리 잡아가고 있는 것이라 할 수 있다. 한편으론 뭔가 색다른 먹거리를 찾는 고객들의 욕구와 경쟁 점포, 다른 메뉴를 통해 차별화를 시도하려는 업체들 이해가 맞아떨어지면서 온갖 퓨전요리가 등장하고 있다고도 할 수 있다.[237]

이처럼 퓨전 요리의 인기는 형식의 무거움보다는 내용 자체의 즐거움, 전통의 권위보다는 혁신이 가져오는 유용성을 추구하는 현대인들의 성향을 반영[238]하고 있다. 이는 기존의 일정한 맛과 형식의 틀에 박힌 단순한 음식들로부터 벗어나 다양한 음식의 맛들을 융합해 새로움을 추구하려는 현대인의 멀티욕구와 무관하지 않다. 예를 들면, 과거엔 상상할 수 없었던 음식의 융합, 즉 따뜻한 음식 속에 차가운 음식 혹은 동서양의 재료를 한데 사용한 퓨전요리들은 한 음식에서 다양한 맛과 체험을 얻고자하는 현대인들의 멀티욕구를 잘 반영한 것이라고 할 수 있다.

### 2) 멀티 공간-멀티플렉스, 주상복합

음식만큼이나 최근 대중들의 공간에 대한 멀티 욕구도 강해져서 상업적 공간이건 주거 공간이건 간에 한 공간에서 모든 것을 할 수 있는 <멀티> 공간이 대세로 떠오르고 있다.

먼저 상업공간의 경우 과거엔 영화관, 백화점, 유통점, 식당, 서점, 공연장 등이 각기 다른 곳에 위치했다면 이제는 그것들이 함께 모여있는 멀티플렉스가 대세이다. 따라서 과거엔 신촌, 종로 등이 젊은이들의 모임 장소였다면 이제는 '멀티플렉스'가 있는 삼성동의 코엑스 같은 공간이 새로운 여가공간으로 떠오르고 있다.

이러한 공간에 대한 멀티욕구는 상업적인 공간들의 융합을 넘어서 상업공간과 주거공간의 융합을 만들어내어 일명 주상복합이라는 새로운 주거공간이 나타났다. 과거엔 주거공간을 볼 때, 실내의 인테리어 등과 같이 단순한 기능성 중심으로 봤다면, 이제는 주거공간 외에도 자신의 라이프스타일에 잘 맞는 주변의 생활공간이 잘 조성되었는지를 중심으로 본다.

> 주상복합아파트가 변신을 시도하고 있다. 지금까지의 주상복합은 도심에 자리 잡은 업무용 빌딩처럼 좁은 땅 위에 고층 건물 1, 2개동(棟)만 덩그렇게 지어진 것들이 많았다. 하지만 참살이(웰빙)를 추구하는 사람들이 많아지면서 호텔식 서비스를 제공하거나 단지 내 산책로를 조성하는 등 입주민들의 편의를 최대한 고려한 주상복합이 속속 나오고 있다.[239]

따라서 최근에는 자신이 사는 주거공간에서 모든 것을 해결할 수 있는 상업적 공간-스포츠, 병원, 음식점, 편의점 등-뿐만 아니라 웰빙을 위한 환경이 조성된 멀티공간으로서 주상복합이 인기를 끌고 있다.

## 5. 패션문화에 있어서의 멀티

과거의 패션은 봄, 여름, 가을, 겨울 등 계절의 구분에 따라 명확하게 구분되었다. 구체적으로 말하자면, 겨울엔 코트에 부츠, 두꺼운 감의 옷을 입는 것이고 여름엔 짧은 소매, 얇은 감의 옷을 입는 것이라는 생각이 그것이다. 그래서 한 여름에 가죽자켓을 입거나 한 겨울에 반소매 옷을 입으면 바로 이상한 시선으로 보는 것이 우리 사회의 분위기였다.

그러나 요즘은 개인의 취향과 개성, 자신의 욕구가 커짐에 따라 계절은 더 이상 패션을 구분짓는 중요한 요소가 되지 못한다. 최근에는 자신의 취향이면 여름옷도 겨울에 코트 안에 입고, 또 부츠도 겨울뿐만 아니라 다른 계절에도 패션에 따라 신을 수 있게 되었다. 따라서 이제는 패션이 언제나 입을 수 있는 '멀티'의 개념으로 만들어지고 있다. 이러한 멀티기능은 신발에서도 보여진다. 세계적인 패션 명품인 샤넬은 2007년 겨울 반부츠를 선보였다. 이것은 일반 구두위에 가죽을 덧댄 것으로, 겨울에는 반부츠로 봄 가을에는 덧댄가죽을 벗겨 일반 구두로 신을 수 있는 멀티의 기능을 지녔다. 이처럼 멀티는 21세기 문화를 특징짓는 하나의 키워드로 자리잡고 있다.

# 제 1 0 장

## 2008 한국 대중문화 5대 키워드! 〈이미지〉
## —이왕이면 다홍치마, 보기 좋은 떡이 먹기도 좋다?

이미지가 중요한 시대
캐릭터가 힘이 되는 시대

화려한 선을 가진 사람들에게 뭔가 특별한 것이 있는 듯 화려한 날개를 펼치기를 간절히 원한다.
겹겹이 둘러쳐진 라인을 끝없이 갈고 닦는다.

속도의 시대는 앞에서 언급한 '멀티현상' 이외에도 '이미지'가 중요한 시대로 만들었다. 이에 대해 독일의 학자 페터 보르샤이트는 그의 저서 『템포 바이러스』에서 '속도'라는 바이러스가 어떻게 인간을 지배하게 되었는지를 역사적으로 살펴보고 있다. 그는 '정보를 가속화하려는 기술혁신에서 드러나는 매혹적인 점은, 그것이 바로 집단적인 행복감, 즉 진보에 대한 집단적인 희열을 불러 일으킨다는 것'이라고 밝혔다. 동시에 현대의 속도 바이러스는 사람들로 하여금 일상생활에서 조급하게 서두르도록 만드는 현상을 늘어나게 만들었다고 주장한다. 또한 그는 '속도를 이용하는 사람들은 거기에 엄청나게 집중해야 했고, 그렇지 못할 경우에는 바로 상처나 피해를 입었다'고 지적한다.[240]

## 1. 이미지가 중요한 시대

이처럼 속도 바이러스에 지배를 받고 있는 최근 우리 사회에서 사람과의 관계를 형성하는 과정과 상품(문화산업을 포함한)을 선택하는 소비 형태가 이전과는 많이 다르게 변화되었다.

### 1) 외모지상주의

과거에는 사람들이 인간관계를 형성할 때, 인간성이나, 경제적 혹은 지적 능력 등이 상대방을 파악하는 중요한 요소였다. 하지만 속도의 시대에는 짧은 시간에 다양한 사람들을 만나야 되기 때문에 상대방에게 자신을 인식시키기 위해서는 내면적인 모습과 실력보다는 일차적으로 보이는 이미지가 중요한 요소가 되고 있다.

예를 들면 과거에는 만났던 사람에 대해 기억할 때, 그의 실력이나 내면적인 부분－어떤 일을 하는 사람, 혹은 성품이 좋았던 사람 등－을 언급했다면, 이제는 그의 외모적인 부분이나 그의 전반적 이미지－피부가 유난히 고왔던 사람이나 옷을 잘 입었던 사람 등－에 대해 언급하는 시대가 된 것이다.

따라서 이젠 개인의 외모가 자신을 드러내는 중요한 능력이 되고 있다. 즉, 외모가 좋아야 취업이 잘되고, 외모가 좋아야 돈을 많이 벌 수 있는, 하나의 경쟁력으로 자리 잡은 것이다.

> 지금으로부터 3년전 미국 세인트루이스 연방은행의 이코노미스트인 크리스티 엥게만과 마이클 오위양은 연준 계간지 'The Regional Economist' 4월호에 게재한 보고서에서 "외모와 보수에 상당한 상관관계가 존재한다"고 분석했다. (……) 잘생긴 사람들의 보수가 보통 사람들에 비해 5% 많으며 못생긴 사람들은 보통 사람들에 비해 9% 적은 월급을 받는다고 주장했다. 월급을 결정하는데 있어 교육 수준, 근로자 숙련도와 마찬가지로 '외모 프리미엄'이 존재한다는 것이 골자다.[241]

이러한 현상은 비단 미국의 경우에만 국한되는 것이 아니다. 우리나라의 외모중시 추세는 해를 거듭 할수록 점점 높아지고 있다. 이러한 추세를 반영하듯 남자들의 외모관리에 대해 어떻게 생각하느냐는 질문에 재미있는 조사결과가 나왔는데, '남자들의 피부관리는 당연한 것'이라는 응답이 2004년 20.4%에서 2006년에는 30.5%로 10%나 뛰었다[242]는 것이다. 즉, 외모가 경쟁력으로 작용하다 보니 과거에 주로 다른 곳에 쓰던 돈을 자신의 외모를 가꾸는데 쓰는 남자들이 늘고 있다는 것을 보여주고 있다.

이러한 이미지 중심의 추세에 (앞장에서 이미 살펴보았다) 기존의 성역할에 대한 가치관의 해체가 더해져, 패션과 외모에 관심이 많은 여성취향의 남성인 '메트로 섹슈얼', 화장이나 성형까지도 하는 남성들인 '그루밍 가이', 그리고 남성성이 강조된 섹시함을 지닌 '위버섹슈얼' 등 새로운 트렌드를 형성하고 있다.

이러한 경향은 젊은 남성층 뿐만 아니라 30~40대 남성층까지도 확산되고 있다. 이는 과거 30~40대 남성은 대부분의 시간을 일에 투자하고 남은 시간을 휴식에 투자하는 정도였지만, 자녀 수가 줄고 주 5일제 근무가 시행되면서 다른 일을 할 수 있는 충분한 시간이 생겼기 때문이다. 이처럼 성역할에 대한 가치관의 해체, 그리고 외모가 능력 이상으로 간주되는 변화된 사회적 분위기가 이러한 이미지를 중시하는 새로운 트렌드를 만들어내고 있다.

### 2) 몸짱, 얼짱, 성형열풍

이러한 외모 중시 추세는 몸매가 훌륭한 '몸짱', 맨얼굴이 예쁜 '쌩얼미녀' 등 외모에 관한 새로운 신조어들을 만들어냈다. 최근에는 더 나아가 몸이나 얼굴 전체를 넘어서서 'S라인', 'V라인', '쇄골미인', '허리라인' 등 부위별 아름다움을 추구하는 식으로 세분화되는 추세이다.

이런 추세는 대중의 심리를 민감하게 반영하고 상업적으로 이용하는 광고에서 특히 많이 나타난다. 한 음료 광고에서는 날씬한 여자의 몸매를 구체적으로 표현한 'S라인' 광고를 넘어서서, 얼굴의 턱선이 "V"자인 사람이 미인임을 보여주며 차를 마시면 그런 얼굴을 가질 수 있다는 것을 강조하는 CF까지 나온 상태이다.

이는 외모가 경쟁력이 된 우리 사회에서 여자보다 더 예쁜 남성들이 쏟아져 나오는 것에 위기감을 느낀 여성들이 더욱 더 자신의 외모를 드러내기 위해 점차 부위별 미모에 신경을 쓰기 때문이다.

이런 외모중심주의는 자신의 외모를 인위적으로 바꾸는 성형열풍을 가져왔다. 즉, 외모지상주의 사회로 치닫는 현실에서 대중들은 부족하고 모자란 자신의 외모를 극복하기 위해 성형수술이라는 인위적인 방법을 택할 수밖에 없었고, 이제는 광풍을 넘어서 성형이 일상적인 것이 되고 있다.

따라서 과거에는 대중들이 민감한 반응을 보였던 연예인들의 성형에 대해서도 이제는 성형자체를 논란거리로 두지 않는다. 단지 성형사실을 떳떳하게 밝히느냐 아니면 숨기느냐 하는 연예인의 진실성에 대해서만 논란이 될 뿐이다. 그렇기 때문에, 이젠 많은 연예인들이 자신이 어디를 성형했는지를 당당히 밝히고 적극적으로 자신의 이미지를 인식시키는 요소로 이용하고 있다.

이러한 성형열풍은 우리 사회에서 그에 대한 긍정론과 부정론의 논쟁을 일으켰다.[243]

> "어디 고치셨어요?" "네, 코했어요" KBS '상상플러스' 8일 방송분에서 성형여부를 묻는 진행자에게 출연자 신봉선이 한 말이다. '상상플러스'처럼 이제 각종 오락 프로그램에선 성형 여부를 묻는 것이 일상의 풍경처럼 자리 잡았다. 약속이라도 한 듯 진행자는 성형여부에 대한 질문을 하고 출연자 특히 여자 출연자는 한 치의 거리낌 없이 성형에 대한 이야기를 한다. 심지어는 묻지도 않는데 성형고백을 하는 연예인도 있고 더 나아가 성형수술을 대중의 인지도를 높이는 성형 마케팅을 하는 연예인들까지 생겨나고 있다. (……) 연예인의 성형고백의 범람은 이제 단순한 성형수술을 고지하는 차원을 넘어 성형지상주의를 조장하고 있다. 연예인들의 넘쳐나는 성형고백의 범람은 두 가지 문제를 야기하고 있다. 하나는 성형으로 외모의 미를 보완한 것을 과시하며 시청자 다수에게 외모에 대한 불만 더 나아가 결핍감을 조장함으로써 성형에 대한 욕구를 증가시키는 것이다. 또 하나는 연예인의 성형고백 홍수는 성형수술의 부작용 등에 대한 인식을 은폐시키거나 마비시키는 역작용을 한다.[244]

외모지상주의를 부추기는 성형열풍의 부작용에 대한 논란에도 불구하고, 최근에는 성형에 중독되지만 않는다면, 그것에도 긍정적인 측면이 있다는 것이 많은 사람들의 생각이다. 실제로 대부분의 사람들이 외모로 인해 크고 작은 불이익을 당해 본 경험이 있기에 더욱 그러하다.

아르바이트 경험이 있는 대학생 절반 이상이 외모 때문에 불이익을 당하거나 피해를 입은 적이 있는 것으로 조사됐다. 취업포털 커리어가 운영하는 아르바이트포털 알바로(www.albaro.com)가 4월 12일부터 14일까지 아르바이트 경험이 있는 대학생 1,041명을 대상으로 조사한 결과 60.0%가 아르바이트를 하면서 외모 때문에 불이익을 당하거나 피해를 입은 적이 있다고 응답했다. (……) 한편 전체 응답자의 84.9%는 외모가 아르바이트를 하는데 영향을 미친다고 대답했으며, 이에 대해 67.6%는 '직종에 따라서는 외모가 영향을 미칠 수도 있다'고 생각하는 것으로 나타났다. '능력보다 외모로 사람을 평가하는 것은 절대 있을 수 없다'는 22.8%, '무슨 일이든 외모가 영향을 미치는 것은 당연하다'는 답변은 8.3%였다.[245]

따라서 외모에 대한 자신감을 얻고 자신의 경쟁력을 향상시키는데 절대적인 도움이 된다면 성형은 이제 논란의 대상이 아닌 보편적인 현상으로 자리잡아가고 있다.

## 2. 캐릭터가 힘이 되는 시대

### 1) 사람들의 캐릭터화

2008년 예능프로그램의 양상이 이전과는 확연히 달라진 것을 볼 수 있다. 바로 프로그램에서 연예인들의 캐릭터화이다. 과거에는 대중들이 프로그램에 출연한 가수 누구, 혹은 개그맨 누구로 인식했다면, 이제는 연예인들이 지닌 어떤 특징점을 찾아 그것을 돋보이게 하고, 모든 것들이 그와 연관되어 생각하게 만드는 하나의 캐릭터로 인식하는 것이다.

흔히들 리얼 버라이어티쇼의 관건은 캐릭터에 있다고 한다. '무한도전'이 그랬던 것처럼 '1박2일'이 이처럼 주목받는 이유 중 가장 큰 것은 은초딩, 허당 같은 캐릭터가 시청자들에게 어필했기 때문이다. 이렇게 구축된 캐릭터는 마치 드라마가 그러한 것처럼 리얼 버라이어티쇼의 상황과 사건들을 용이하게 만들어내는 장점이 있다. 웃기지 않은 행동도 과거 그 캐릭터가 구축되게 만든 어떤 사건과 연관되면 웃음을 주고 그것은 또한 캐릭터를 더욱 강화시킨다. 이것이 리얼 버라이어티쇼가 캐릭터에 집중하게 되는 이유다.[246]

이는 다매체 다채널 시대로 접어들고 몇몇의 스타가 여러 방송에 겹치기 출연을 하면서 프로그램들이 '그 나물에 그 밥'처럼 시청자들에게 식상해졌기 때문이다. 그런데 이런 캐릭터는 더 이상 새로울 것이 없는 연예인에게 새로운 이미지를 부여해 시청자들에게 깊은 인상을 주는데 효과적이었다.

예를 들어 2008년 일명 국민 MC라고 하는 유재석은 다양한 프로그램에서 활동했지만 그중에서도 시청률이 가장 좋고 호응도가 높은 것은 '무한도전'이었다. 이것은 개그맨 유재석의 이미지에서 벗어나, 다양한 사람들을 포용력 있게 받아들이는 선하고 성실한 인간적인 매력을 캐릭터로 부각시켰기 때문이다.

그에게도 오랜 무명시절이 있었다. 슬랩스틱은 물론 다양한 코믹연기를 선보였지만 무정한 대중은 좀체 마음을 열지 않았다. (……) 코미디 프로그램에서 거의 완벽하게 성대모사를 하고 표정연기를 따라 했던 친구들이 쓸쓸히 퇴장한 후에도 기본에 충실했던 유재석은 유유히 살아남아서 이제는 국민 MC라는 말마저 듣는 단계에 이르렀다. (……) 어느 프로에서 보아도 유재석의 커뮤니케이션 능력은 단연 돋보인다. 절대로 분위기를 장악하려 하지 않는 게 그의 소통기술이자 생존전략이다. 누가 무슨 공격을 해도 웃으며 감싸 안는 배려 역시 그의 생명 연장술이다. 최고 인기인이 됐는데도 여전히 쑥스러워하고 겸연쩍어한다. (……) 결혼발표 기자회견장에서 그는 자신의 상표

(브랜드)처럼 돼버린 메뚜기춤을 추는 '관용'을 베풀었다. 카메라를 든 기자들의 장난스러운 요구였지만 전혀 화내는 모습을 보이지 않았다.[247]

따라서 연예인들이 자신만이 가지고 있는 특성들을 캐릭터로 만드는 것 역시 이미지 중심의 새로운 특성을 반영하는 한 예라고 볼 수 있다.

그런데 주목할 것은 앞에서 살펴본 현상이 방송 뿐만이 아닌 우리 사회 전반에 확산되고 있다는 것이다. 바야흐로 캐릭터의 시대로 접어든 것이다.

예를 들어 직장에서도 이제는 각기 그 사람만이 지닌 독특한 캐릭터－김국장님과 같이 이름과 직위로 인식되는 것이 아닌 '삐돌이 늙수구레'(잘 토라지는 성격의 시대에 뒤떨어진 나이든 사람이라는 뜻)－로 인식되는 것이다. 이처럼 캐릭터화된 별칭은 그를 한마디로 압축해서 이야기 해주는 하나의 '아이콘'과 같이 작용하고 있다.[248]

### 2) 연예인들의 이미지를 마케팅에 이용한 브랜드 시대

이미지 중심 시대의 특성은 모든 산업분야에서 연예인들이 지닌 이미지를 마케팅에 적극적으로 활용하는 '연예인 브랜드 상품들의 전성시대'를 열고 있다는 점이다.

여대생 A씨는 아침에 일어나 '근영이 팩트'와 '효리 땡큐 에센스'로 화장을 하고 '엄정화 란제리'와 '김아중 청바지'을 입은 뒤 '송혜교 백'을 매는 것으로 포인트를 준다. 다음 편의점에 가서 '소녀시대 삼각김밥'으로 아침을 때우고, 친구에게 '전지현 폰'으로 연락해 "점심 때 'SS501 피자'를 함께 먹으러 가자"고 약속을 잡는다. 오후에는 친구와 함께 백화점에서 '이수경 니트'를 구입하고, 저녁에는 안주로 '김구라의 세상씹기'를 사서 맥주와 함께 마시며 하루를 마감한다. 바야흐로 연예인 이름을 달거나 연예인이 직접 개발한 '연예인 브랜드' 상품 전성시대다. 14일 유통업계에 따르면 700원짜리 삼각김밥에서 250만원에 달하는 고가의 가방까지 인기 연예인 이름을 사용한 연예인 브랜드 상품들이 불티나게 팔리고 있다. TV 홈쇼핑에서 시작한 연예인 브랜드는 최근 '차별화'에 목마른 백화점, 편의점, 기타 제조업계까지 확산되고 있다.[249]

이런 연예인 브랜드 상품의 증가는 최근 제품이나 서비스에서 그 자체의 품질 만큼이나 그것이 지니는 이미지, 브랜드가 소비하는 사람들에게 더욱 중요한 요소로 작용하고 있다는 것을 보여준다. 특히 제품의 성능차이가 크게 나지 않는 지금의 현실에서 다른 상품과 구별되고 차별화되는 방법으로 그것이 지닌 '이미지', 즉 '브랜드'가 더욱 중요하게 된 것이다. 따라서 그냥 휴대폰이 아니라 느낌 좋은 '전지현 휴대폰'이 사람들에게 더 강렬한 인상으로 각인되고 소비로 이어지는 것이다. 또한 대중들은 그러한 브랜드 이미지를 지닌 상품을 소비함으로써 그들의 이미지 또한 전지현의 이미지로 업그레이드 된다고 생각한다. 이러한 것은 문화상품 소비에 있어서도 마찬가지이다.

'기부천사' 김장훈의 콘서트가 연일 매진 행진을 이어가고 있다. 지난 14일부터 고양에서 시작된 '김장훈 원맨쇼 전국투어 2008'이 공연 불황기에도 불구하고 전국이 매진 행렬에 들어갔다. (……) 공연 불황기에도 불구하고 공연 최전성기를 구가하고 있는 김장훈 콘서트에 대해 공연 관계자들은 "그동안 변함없이 보여주었던 탄탄한 연출력을 바탕으로 한 김장훈표 콘서트의 재미와 감동에 대한 신뢰도와 요즘 들어 불고 있는 인간 김장훈의 재조명에 대한 기대심과 더불어 그의 한층 깊어진, 폭발적인 가창력에 대한 대중들의 호평에 힘입은 바 가 크다"고 평가했다.[250]

위의 인용문에서 알 수 있듯이 거액의 기부로 대중들에게 사랑과 존경을 받고 있는 김장훈의 경우, 그의 콘서트는 매회마다 매진을 이루고 있다. 이는 그의 콘서트가 지닌 매력과 동시에 그가 가진 사회 환원, 사회 기부라는 선한 이미지가 대중들에게 인식된 결과라고 할 수 있다. 즉 대중들은 그의 콘서트 표를 사면 사회에 좋은 일을 하는 가수의 콘서트를 지원했다는 가슴 뿌듯한 감동을 느낀다. 따라서 어느새 대중들 또한 좋은 일을 했다고 인식하게 되는 것이다.

이런 이미지 중심의 시대에는 그 특성으로 인해 인간이나 상품 모두가 그것들이 지닌 본질보다는 겉모습과 이미지 중심으로 판단되는 경향이 앞으로도 계속될 것이다. 따라서 이미지나 브랜드가 중시되는 것 자체를 문제삼기 보다는 그에 맞는 본질을 어떻게 더 채울 것인가에 대해 진지한 고민이 필요하다.

# 제11장

## 2008 한국 대중문화 5대 키워드!
## 〈자연스러움의 추구〉
## –더도 말고 덜도 말고, 있는 그대로 자연스럽게!

자연스러운 방송–"리얼"의 힘: 무한도전, 1박2일, 패밀리가 떴다

자연스러운 뷰티와 패션:. 쌩얼 & 노출

자연스러운 삶의 방식: "웰빙"

마음의 '본연의 상태'로의 회귀–"감성"

초록을 보고도 싫어하는 사람이 있을까? 비가 온 후 맑은 하늘과 푸르러진 초록을 보면 닮고 싶어진다.
자연스러움보다 아름다움이 있을까?

10장에서 이미 살펴본 것과 같이 우리 사회에서는 본질보다 이미지가 중시되었고, 이러한 성향은 대중들의 삶을 인위적이고 가공적인 것으로 만들었다. 또한 속도의 시대 속에서 사람들은 가족보다 성공이 중요시되는 '성공제일주의'에 빠지게 되었다. 결국 삶은 점점 더 자연스러운 것과 멀어지면서 속도의 시대에 어울리는 인스턴트적이고 인공적인 삶, 그리고 삶의 본질을 탐구하기보다는 현상적인 겉모습에 몰두하게 되었다. 그 결과 우리 사회는 점차 진정한 소통이 이루어지지 않는 삭막한 사회가 되었다.

그런데 최근에는 이러한 부자연스러운 것에 대해 반기를 드는 대중들의 모습이 나타나고 있다. 즉, 부자연스러운 것에서 벗어나 자연스러움을 회복하려는 움직임, 다시 말해서 '본연의 상태로의 회귀' 현상이 대중문화 전반에 걸쳐 일어나고 있는 것이다.

## 1. 자연스러운 방송 - "리얼"의 힘: 무한도전, 1박2일, 패밀리가 떴다

대중문화에서 시대의 트렌드를 가장 즉각적으로 반영하고 보여주는 매체가 방송이라고 할 수 있는데, 그 중에서도 단연 그러한 특성이 두드러지는 분야는 예능프로그램이다.

2008년 드라마를 제외하고 가장 시청률이 높았던 지상파 3사의 프로그램인 <무한도전>(MBC), <1박2일>(KBS), <패밀리가 떴다>(SBS)를 살펴보면 이 프로그램들은 '리얼 버라이어티'라는 공통점을 가지고 있다.

'리얼 버라이어티' 프로그램은 짜여진 대본에 의해 방송이 진행되었던 과거의 버라이어티 프로그램과 다르게, 큰 포맷은 정해져 있지만 그밖에 나머지 부분들을 정하지 않고, 순간순간 상황에 따라 출연자들의 자연스럽고 리얼한 모습 그대로를 보여준다는 점에서 큰 차이를 보인다. 즉, 이들 프로그램은 자연스러움을 원하는 대중의 요구와 맞아떨어진 결과라고 할 수 있다.

> 리얼 버라이어티의 전쟁이 불을 뿜고 있다. KBS, MBC, SBS 방송 3사는 자사 대표적인 리얼 버라이어티 프로그램인 '1박2일', '무한도전', '패밀리가 떴다'에 제작역량을 쏟아부으며 총성 없는 전쟁을 벌이고 있다.[251]

'리얼'함이 대중들에게 사랑을 받는 이유는, 그 프로그램들을 좀 더 살펴보면 알 수 있다. 즉 무모한 도전을 하는 연예인들의 자연스러운 모습을 보여주는 <무한도전>(MBC-TV, 2006), 연예인들이 1박2일 동안 낯선 여행지에서 겪는 일들을 여과 없이 보여주는 <1박2일>(KBS-2TV, 2008), 그리고 연예인들이 농촌이나 어촌의 한 가정을 방문해 부족한 일손도 돕고 체험도 해보는 <패밀리가 떴다>(SBS-TV, 2008) 등 각기 그 테마와 성격은 조금씩 달라도 미리 짜놓은 것이 아닌, 다른 프로그램에서 볼 수 없었던 연예인들의 '자연스러운 상황'에서의 '자연스러운 모습'이 있었기 때문이다.

이러한 자연스러움에 대한 요구는 연예인을 바라보는 시각에서도 확연히 나타난다. 이제 대중은 더 이상 연예인을 하늘에 떠 있는 신비로운 별(스타)로 생각하지 않는다. 연예인의 이미지는 상당 부분 가공된 것이고 만들어졌다는 사실을 알고 있기 때문이다. 따라서 무대 위의 연예인의 모습보다는 무대 밖에서 자연스러운 일상, 그들의 가식 없는 모습들을 보길 원한다. 또한 멀리 있는 스타가 아닌 친구로서 그들을 대하고 싶어한다.

> 최근 예능프로그램의 대표적인 트렌드는 리얼 버라이어티라고 해도 과언이 아닙니다. 이러한 현상은 세상의 중심이 남에서 나에게로 옮겨지면서, 시청자들이 스타를 바라보는 시각도 변했기 때문인데요. 스타가 더 이상 신비스럽기만 한 존재가 아닌 우리와 같은 친근한 존재로 인식되고 또 그러한 모습을 추구하는 대중의 심리가 반영된 것이라고 할 수

있습니다. 최근 '패밀리가 떴다'와 같이 주말 버라이어티 프로그램이 스튜디오를 벗어나 야외로 나오는 것 역시 그러한 맥락에서 살펴볼 수 있는데요. 무대가 스튜디오가 아닌 우리의 일상으로 들어옴으로써, 스타만의 전유물이었던 방송이 온 국민이 함께 참여하는 놀이가 되어 더 큰 호응과 공감을 이끌어 낼 수 있기 때문입니다. 스타가 화장을 지우고 맨 얼굴로 시청자를 대하는, 실제 상황 속에서 드러나는 스타들의 진솔한 모습은 스타와 팬의 간격을 좁히는 역할을 합니다. 연예인을 친구처럼 느끼게 하고 시청자들과 가까이에서 교감하게 하는 것이 바로 리얼 버라이어티의 인기 비결입니다.[252]

그렇기 때문에 요즘 대중들은 '유고걸' 노래를 부르고 있는 섹시콘셉트의 가수 이효리보다는 <패밀리가 떴다>에서 몸 개그를 보여주는 털털한 이효리에, 참한 아씨 이미지의 배우 박예진보다는 바로 잡은 날물고기를 무서워하지 않고 척척 요리할 수 있는 살벌한 박예진에 더 열광한다.

## 2. 자연스러운 뷰티와 패션: 쌩얼 & 노출

본연의 상태로 회귀하고자 하는 대중의 심리는 연예인의 자연스러운 모습 뿐만이 아닌 외모를 판단하는 미적기준에도 작용했다. 과거의 연예인들은 두꺼운 화장을 해서라도 아름답기만 하면 미인이었는데, 이제는 화장을 하지 않아도 아름다운 연예인이 진정한 미인이라고 생각한다. 이러한 새로운 미의 기준은 연예인들에게 '쌩얼' 열풍을 몰고 왔고, 이런 현상은 자연스럽게 일반 대중들에게까지 확산되었다.

연예계 '얼짱' '몸짱' 바람이 끊임없이 진화하고 있다. '얼짱'과 '몸짱'에 이어 '동안'이 유행하더니 이제 '쌩얼'이 대세가 됐다. '쌩얼'이란 화장을 하지 않은 맨 얼굴을 이르는 10대들의 말. MBC 오락프로그램 '무한도전'에서 개그맨 유재석과 박명수 등이 쓰면서 유행하기 시작했다. 이제는 연예인은 물론이고 일반에까지 널리 퍼진 맨 얼굴 열풍은 인터넷은 물론이고 TV와 광고까지 점령했다. (……) 그렇다면 왜 '쌩얼'이 최신 트렌드가 됐을까. 많은 이들의 '쌩얼'의 자연스러움에 집중하고 있다. 화장과 성형을 통한 인공미가 아닌 장식을 걷어낸 자연미를 원하고 있는 것. 이는 연예인의 '본 판'을 보기를 원하는 네티즌의 심리와도 맞닿아 있다.[253]

따라서 요즘에는 소위 쌩얼 열풍과 함께, 여성의 화장법 그리고 더 나아가 성형수술법까지지도 '하지 않은 것 같은' 자연스러운 모습을 지향하는 것이 트렌드이다.

이상석 원장은 올해의 성형 트렌드는 2006년을 관통한 동안(童顔)과 쌩얼(맨얼굴) 열풍이 한층 진화하여 개개인의 개성을 최대한 살려주는 자연스러운 아름다움을 추구할 것이라고 예상한다. 즉, 성형을 통해 실제보다 더욱 자연스러운 얼굴을 만드는 것이 포인트라는 것이다.[254]

그런데 쌩얼 열풍 외에도 이런 대중의 심리를 반영하는 또 하나의 현상으로, 패션에서의 '노출'현상을 들 수 있다.

쌩얼과 노출 열풍에 힘입어 뷰티·다이어트 관련 상품이 올 한해 동안 국내 대표적인 온라인 마켓플레이스인 옥션(www.auction.co.kr)을 강타했다. 옥션 홍보팀은 지난 3일 '2007년 히트상품 20선'을 발표하면서 올 한해 동안 미니, 쌩얼, 노출 등의 키워드가 패션과 뷰티 상품에 영향을 끼쳐 비비크림, 다이어트 식품, 태닝 티슈 등이 큰 인기를 끌었다고 밝혔다. [255]

과거 패션이 개개인의 개성보다는 주로 자신의 사회적 지위를 드러냈고 90년대에는 사회적 지위보다는 각자의 개성을 드러냈다면 최근에는 이런 개성을 넘어 자신의 몸매를 그대로 드러내는 것이 추세이다.

그리고 이러한 패션의 노출현상은 우리나라만이 아닌 패션계의 세계적인 경향과 무관하지 않다. 뷰티산업에서 화장법이 옅어지고 맨얼굴의 상태로 돌아가려는 경향과 같이, 패션계 역시도 자신이 가진 몸의 아름다움을 자연스럽게 드러내는 것이 트렌드가 되었기 때문이다.

> 내년 봄·여름 의상을 선보인 세계 4대 컬렉션이 모두 막을 내렸습니다. 뉴욕에서 시작해 런던과 밀라노를 거쳐 파리에서 끝난 패션쇼는 그 어느 때 보다도 화려했습니다. 올 컬렉션은 여성미를 강조한 것이 특히 눈에 띕니다. 세계 유명 디자이너들은 여체의 굴곡을 그대로 드러내는 파격적인 옷을 대거 선보였습니다. 이를 위해 쉬폰 소재가 널리 쓰였습니다. 속이 훤히 들여다보이는 얇은 소재의 쉬폰 의상들은 하늘하늘 흩날리며 패셔니스타들을 매혹시켰습니다. 노출 정도가 심한 의상들도 심심찮게 등장했습니다. 어떤 디자이너는 모델에게 아예 상의가 없는 파격적인 의상을 입혀 무대에 내보내기도 했습니다.[256]

앞으로의 옷은 몸의 자연스러움을 추구하는 대중의 욕구와 맞물려 친환경적이고 속이 훤히 들여다보이는 얇은 소재로 만들어질 것이다. 그리고 몸에 최대한 붙어 그것의 굴곡을 그대로 드러내거나 과감한 노출 역시 계속될 것이다. 이러한 경향 안에는 몸매를 잘 관리한 현대인들이 단지 자신의 섹시함을 과시하려는 욕구를 넘어, 좀 더 깊은 의식 속에는 몸의 자연스러운 상태, 즉 나체－자신의 몸을 인공적으로 포장하는 과도한 껍데기들을 과감히 벗어던지려는 상태－로 돌아가고자 하는 회귀본능이 자리하고 있음을 알 수 있다. 따라서 과거의 노출이 몸짱들의 전유물이었다면, 이제는 몸매에 단점이 많은 사람들에게도 일반적인 현상이 되고 있다.

> 서울 서빙고동에 사는 주부 이영은(31) 씨는 지난 주말, 가슴선이 깊게 파인 타이트한 원피스를 입고 마트에 갔다. 약간의 시선이 느껴졌지만 신경 쓸 만한 수준은 아니었다. 직장인 구모(27·여) 씨는 지하철에서 등이 훤히 보이는 백리스(backless) 민소매 티셔츠를 입은 20대 후반 여성과 마주쳤다. 드러내놓고 뚫어지게 쳐다보는 사람도 많았지만, 무심한 표정을 짓는 이들도 많았다. (……) 특히 올해는 초미니 숏팬츠와 미니스커트 판매량이 늘어나면서 노출 열풍이 예년보다 거세게 나타나는 양상이다. 숏팬츠 판매량은 지난해와 비교해 G마켓은 45%, 엔조이뉴욕은 93% 증가했다. 그리고 G마켓의 민소매 티셔츠 판매량은 10%, 데님 소재 미니스커트는 15% 늘어났다. 경기침체로 전반적으로 소비가 위축됐지만, 과감한 옷차림을 보여줄 수 있는 상품 매출은 큰 폭으로 증가하고 있는 것이다.[257]

이런 분위기와 맞물려 대중문화 속에 나타난 노출에 대한 시선도 많이 변하고 있다. 노출이 주로 '성적인 코드'로만 인식되었던 것이, 태초의 인간이 지녔던 '몸의 자연스러운 미를 표출'하는 것으로 해석되는 것이다. 따라서 이전에는 상상도 못했던 톱스타 여배우들의 과감한 노출패션이 많이 등장하고 있다.

> 연예계에서 12월은 시상식의 달이다. 시상식은 수상 여부도 화제지만 레드카펫에서 펼쳐지는 여배우들의 화려한 드레스 맵시 또한 빼놓을 수 없는 볼거리다. 특히 해를 거듭 할수록 아찔한 노출 경쟁을 벌이면서 '제2의 김혜수'로 플래시 세례를 받는 스타들이 점점 늘어나고 있다. 지난 4일 열린 대한민국영화대상에서 파격적인 노출로 뜨거운 관심을 받은 스타는 단연 영화배우 전세홍이다. 그는 이날 가슴 라인을 훤히 드러내고 등이 깊게 파인데다 허벅지까지 보이는 짧은 미니 드레스를 선택했다. 시상식에 참석한 여배우들 중 가장 적은 천으로 만든 '경제적인' 옷을 입었다는 평을 들으며 관객들과 취재진의 눈길을 한몸에 받았다.[258]

뿐만 아니라, 최근에는 노출이 영화계에서 중요한 아이콘으로 떠오르고 있다. 성이나 에로티시즘을 보여주는 <미인도>와 <쌍화점>(2008) 같은 영화들이 선풍적인 인기를 끌고 있는 것이다.

> 성(性)이나 에로티시즘을 활용한 사극 영화들이 개봉하는 족족 흥행에 성공하고 있다. 특히 지난해 11월 개봉한 '미인도'와 12월 30일 개봉한 '쌍화점'의 잇단 성공은 좀 더 색다른 이야기와 풍성한 볼거리를 바라는 성인 관객들의 취향을 보여주고 있다. (……) 조선시대 화가 신윤복의 여성으로서의 삶을 재조명한 '미인도'와 원의 억압을 받던 고려 말기 궁중 비사를 다룬 '쌍화점'은 기본적으로 다른 영화지만 닮은 구석이 많다. (……) 352만명을 모은 '스캔들-조선남녀상열지사'와 258만명이 본 '음란서생'은 억압된 인간 욕망의 표출에 대해 이야기하면서도 노골적인 성애 장면을 줄이고 '진실한 사랑'을 전달하는 데 집중했다. 그에 비해 '미인도'와 '쌍화점'의 주제는 인간의 자연스러운 욕망 그 자체다. 이제까지 충무로 영화에서 보기 힘들던 파격적인 정사신들을 담되, 높은 노출 수위에도 풍성한 색채와 세련된 스타일을 십분 살린 영상으로 수준을 높였다는 점이 특징이다.[259]

이러한 현상 이면에는 '나체'와 '노출'에 대한 대중들의 변화된 인식이 자리하고 있다. 이전에는 인간의 나체와 노출을 주로 '성적인 대상'과 '외설'로 보았다면 현재는 '몸의 본연의 상태'와 '자연스러움을 드러내는 것'으로 바라보고 있는 것이다. 이러한 인식은 이 영화를 만든 유하감독 역시 마찬가지이다. 그는 쌍화점 제작보고회에서 적나라한 정사신의 필요성에 대해 '육체성의 축제'가 근간이 되는 영화이기 때문이라고 말했는데 그에게 있어 육체는 난잡한 외설을 보이는 것이 아닌 인간의 자연스러운 본능을 드러낼 수 있는 예술인 것이다.

그렇기 때문에 <미인도>와 <쌍화점>은 대중들에게 '파격적이지만 난잡하지 않은 섹스를 묘사해 신선한 예술을 보여줬다'는 긍정적인 평가를 받으며 흥행했다. 이런 분위기는 앞으로도 계속될 전망이다. 따라서 이전에는 상상할 수 없었던 노출의 수위와 그에 대한 자유로운 표현을 영화에서 볼 것이다.

> 과연 얼마나 벗었을까? '미인도' '쌍화점' 등이 수위 높은 노출과 섹스로 화제를 모은 뒤 개봉 영화들의 베드신 수위에 관심이 집중되고 있다. 특히 개봉 예정인 '키친'의 신민아, '마린보이'의 박시연, '박쥐'의 김옥빈은 모두 수위 높은 노출을 강행했다는 소문의 작품들이다. (……) 올해 가장 주목을 받는 작품인 박찬욱 감독의 '박쥐'에는 그동안 보여주지 않은 수위 높은 베드신이 담겨져 있다고 알려졌다.[260]

## 3. 자연스러운 삶의 방식: "웰빙"

자연스러움을 추구하는 대중의 욕구는 삶에 대한 방식, 즉 라이프스타일도 바꾸기 시작했다. 과거, 사람들에게 가장 우선시되던 가치는 미래의 '성공'이었기 때문에, 현재의 삶은 그다지 중요한 것이 아니었다. 오히려 현재는 미래의 성공을 위한 헌신의 시간으로만 생각되었다. 그래서 현재의 삶이 다소 불행하고 힘들어도 참아야 하는 것이 당연한 일이었다. 이렇게 대부분의 사람들은 미래의 성공에 그 초점을 맞추었고 삶의 과정은 무시된 채 속도에 휩쓸리며 살아왔다.

따라서 라이프 스타일이 패스트 푸드, 조립식 집 등 더욱 빠르고 간편하게 만들 수 있는 것으로 변화되었다. 이러한 것은 사람들에게 간편함을 주었지만, 대신에 다른 한편에서는 그로 인한 사회적 병폐들이 나타나기 시작했다. 운동이 부족한 상황에서 과다 열량의 섭취로 어린이들조차도 고도비만으로 고생하고, 게으름이 지나쳐 무기력함에 빠지게 되어 우울증에 시달리는 사람이 늘어났다.

결국 최근 들어 앞만 보고 달려왔던 사람들은 건조하고 피폐해진 자신의 모습을 보며, 불확실한 '미래의 성공'보다는 진정한 '현재의 행복'이 무엇일까를 고민하기 시작했다. 그러면서 자연스러운 모습인 웰빙(참살이)-이것은 삶의 본연의 상태로 돌아가는 것으로 이를 위한 구체적인 일례로써의 웰빙-에도 관심이 많아지게 되었다.

그래서 우리 사회 전 분야에서 웰빙 열풍이 불었다. 사실 웰빙의 사전적인 의미를 살펴보면, '육체와 정신의 조화를 통해 행복하고 안락한 삶을 지향하는 삶의 유형 또는 문화현상'을 의미한다. 웰빙족은 '건강과 함께 환경을 중시하는 상품을 찾는 생활방식의 소유자'로 정의할 수 있는데,[261] 1997년부터 시작된 웰빙에 대한 관심은 우리나라에선 주로 육체적인 건강에 관련된 것들에만 국한되어 삶의 양적 성장에 초점이 맞춰졌다.

> 건강에 대한 관심이 늘어나면서 웰빙이 우리 사회에서 하나의 코드로 자리 잡았다. 의식주는 물론 문화생활 전반에 걸쳐 건강한 삶을 지향한다는 뜻이다. 웰빙이 일상 용어로 떠오른 이면에는 매스미디어의 역할이 컸다. 그런데 정작 매스미디어, 특히 TV는 이 웰빙을 어떻게 다루고 있을까? TV방송은 웰빙과 관련된 여러 주제(음식, 의학·건강, 미용·뷰티, 여행·관광, 레저, 예술 등) 가운데 유독 음식에만 치우쳐 균형감을 잃고 있으며, 이를 상업적으로 이용할 소지가 있다는 분석이 나왔다.[262]

그런데 이제는 온전한 의미에서의 웰빙 즉, 일상생활의 습관이나 태도, 가치관을 변화시키는 정신문화 차원에서의 웰빙에 대한 새로운 열풍이 불고 있다. 이런 현상은 웰빙을 다루고 있는 프로그램의 변화에서도 잘 나타난다.

> 기존의 웰빙 프로그램은 대부분 무엇을 먹으면 좋고 어떤 곳에 가면 좋다는 육체적 웰빙의 〈특별한 방법〉을 소개하는 것에 치중했는데요, 거꾸로 하우스는 기존의 웰빙 프로그램에서 진일보 해, 어디서 살고 무엇을 먹을 것인가

> 하는 것 보다 어떤 태도로 살 것인가 하는 문제-즉, 정신적 웰빙의 개념을 〈일상생활 속에서 실천하는 방법〉을 방송에서 최초로 도입해 시청자들에게 참살이의 새로운 인식변화를 주고 있습니다. 〈거꾸로 하우스〉가 우리에게 이야기 하고자 하는 웰빙은 단순히 비싼 음식을 먹고, 좋은 환경에서 잘 사는 것이 정답이 아니라는 것입니다. 또, 집은 단지 먹고 자고 하는 곳이라는 상식을 거꾸로 뒤집어 좀 더 생각하고 몸을 움직이고 사고하는 곳으로 변화시켜야 한다는 것인데요. (……) 청소를 하고 세탁기가 아닌 손으로 빨래를 하면 요가를 하는 것과 칼로리 소비량이 비슷하다는 것-걷기 운동이 에어로빅 하는 것과 운동효과가 같다는 것-젓가락질을 하면 치매가 예방되고, 빨래를 널면 팔과 등 근육이 강화되고, 계단을 걸어 오르내리는 것이 스텝퍼 만큼의 효과가 있다는 것 등 집안에서 움직이는 것만으로도 헬스클럽에 간 것과 동일한 운동효과가 있다는 것을 거꾸로 하우스는 우리에게 말하고 있습니다. 즉 건강한 삶은 따로 특별한 운동을 하거나 음식을 먹어야 하는 것이 아닌 일상생활의 습관이 중요하다는 것을 보여줌으로써 진정한 웰빙은 일상생활의 작은 변화면 충분하다는 웰빙의 본질을 소개하고 있다는 점에서 그 의미를 찾을 수 있는 것입니다.[263]

웰빙프로그램에서 삶의 양적 성장만이 아닌 질적 성장을 위한 노력들이 일어나고 있다. 이러한 성향의 사람들을 진정한 의미의 웰빙족이라고 부르는데, 이들은 물질이 아닌 정신적으로 풍요롭고 육체적으로 건강한 삶의 방식을 추구하며, 인스턴트 음식을 지양하고 허브차, 생식, 유기농 등 자연식을 즐겨먹는다. 뿐만 아니라 시간에 쫓기며 촉박하게 살아가는 생활방식에서 벗어나 스스로 시간을 지배하고 요가, 명상, 스파, 헬스 등 정신적, 육체적 건강을 위해 노력하며 자연 친화적 생활을 하는 것이 특징이다.

이처럼, 요즘 우리 사회에서 자연친화, 휴식문화, 명상문화, 느리게 살기 문화 등의 문화운동이 각 동호회나 단체를 중심으로 활발히 펼쳐지고 있는데, 이러한 것 역시 진정한 본래적 자아를 발견하는 일, 다시 말하면, '본연의 상태로의 회귀'에 대한 대중들의 욕망을 반영하는 현상이라고 할 수 있다.

## 4. 마음의 '본연의 상태'로의 회귀 – "감성"

많은 미래학자들은 앞으로의 세계가 논리를 중요시하는 '이성의 시대'가 아닌, 마음의 자연스러운 상태를 중요시하는 '감성의 시대'가 될 것이라고 말한다. 2008년 10월에 열린 '매일경제' 주최의 세계지식포럼에서 『드림 소사이어티』로 유명한 미래학자 로프 옌센(Rolf Jensen)은 '앞으로의 사회에서는 물질을 넘어 문화와 예술, 정신 등 감성이 중요'하며, 'GDP가 아닌 행복지수가 중요한 사회로 나아갈 것'이라고 했다. 이러한 '감성의 시대는 자신의 자연스러운 내면의 소리에 귀 기울인다는 점'에서 주목할 만하다. 이는 인간의 마음을 '훈련되고 학습되어진 이성'의 중심에서 '본연의 상태인 감성'으로의 회귀, 즉 자기감정의 자연스러움을 추구하려는 하나의 현상으로 바라볼 수 있기 때문이다.

이것은 다시 말해서 자기감정에 충실한 자연스러운 상태로 돌아가는 것을 의미하는데, 이런 자연스러운 상태는 결국 자기감정을 잘 이해하고, 표현하고, 적극적으로 이용하게 한다.

이것에 대해 미국 예일대학 심리학과의 피터 교수와 뉴햄프셔 대학의 메이어 교수는 '자신과 타인의 정서를 평가하고 표현할 줄 아는 능력, 자신과 타인의 정서를 효과적으로 조절하는 능력, 그리고 자신의 삶을 계획하고 성취하기 위해서 정서를 활용할 줄 아는 능력'이라고 설명하면서 1990년 최초로 '감성지능'이라는 용어를 제안했다.[264]

이런 감성의 시대는 우리 사회에도 이미 도래해, 현재 모든 소통과 소비의 가장 큰 트렌드가 되고 있다. 특히 기술과 통신의 발달로 제품의 기능과 가격에서 거의 차이가 나지 않기 때문에 최근 소비자들은 물건을 구매할 때도 자신의 마음을 흔들 수 있는 감성에 따라 소비를 한다. 구체적인 예로, 2005년 출시된 모 전자의 초콜릿 폰의 성공만 봐도 알 수 있다.

LG전자 대히트작 '초콜릿폰'. 월평균 10만대 정도 판매한 꼴이니 LG전자의 월간 국내 휴대폰 판매량인 25만대의 40% 정도를 기여한 셈이다. LG전자 내에서도 "초콜릿폰이 단말기사업부를 살렸다"고 말할 정도다. 초콜릿폰이 대박을 터트린 이유는 MP3플레이어와 카메라 등 다기능에다 14.9mm 슬림폰이라는 제품의 기술적·디자인적 특징만은 아니다. '초콜릿'이라는 애칭이 소비자의 감성을 자극시킨 게 최대 요인으로 꼽힌다. (……) 3주간에 걸친 제품기획 기간 중 팽팽히 맞섰던 찬반논란은 결국 '초콜릿폰'으로 결론났다. 제품 기능성을 부각시킨 이름보다는 소비자들에게 감성적 이미지를 주는 게 접근성을 높일 수 있다는 판단에서다. 결국 초콜릿폰은 대박을 터트렸다.[265]

이처럼 실제로 가장 이성적이고 논리적이라고 할 수 있는 IT업계에서 조차 이러한 감성시대가 중요한 키워드로 부상하고 있음을 알 수 있다.

지난 2006년 11월 미래주간 개막행사에서 파리 소르본대학 미셸 마페졸리 교수가 "인간에 대한 IT의 가장 중요한 기능은 정보전달이 아니라 감정전달"이다 라고 언급한 대목은 국내 IT산업이 처한 상황에서 볼때 적지 않은 의미를 갖는다. 또 2008년 7월 LG경제연구원은 한 보고서에서 소비자가 제품을 구매할 때 가격 성능뿐만 아니라 감성적인 만족감까지 고려하는 것은 이미 일반화된 현상이다. 라고 밝히고 있어 이미 많은 국내 전문가들도 이러한 IT산업의 수요환경변화를 인식하고 그 중요성을 강조해 오고 있다. 그 핵심키워드는 감성이다. 갈수록 치열해지는 글로벌시장에서 경쟁력을 확보하면서 국내 IT산업이 지속적으로 성장하기 위해서는 그간의 기능 중심의 IT기술에 소비자의 감성까지도 만족시킬수 있는 고감도의 감성을 입힌 IT서비스와 제품개발이 무엇보다 중요한 과제가 되고 있다. 지금 국내 IT산업은 기술 중심에서 인간적 중심으로 진화발전하는 중요한 변화를 맞고 있는 것이다. (중략)소비자의 감성적 니즈를 파악하고 이를 충족시킬수 있는 IT 서비스와 제품이 향후 IT산업의 질적 변화를 주도 할 것이며, IT기업 경쟁력의 핵심이 되고 있다.[266]

따라서 최근에는 <터치>라는 감성적 코드로 소비자에게 접근하고 있다.

뿐만 아니라 인간과 인간의 소통에서도 감성의 코드가 중요시된다. 왜냐하면 '감성'은 삭막하고 분업화되어 단절된 사회일수록 중요한 소통의 능력이 되기 때문이다.

"요즘 참 힘드시죠? 저 역시 마음이 편치 않습니다" 이명박 대통령의 첫 '라디오 연설문'에는 국민들에게 친근하게 다가서려는 이 대통령의 노력이 곳곳에 묻어났다. 이 대통령은 13일 오전 실시한 취임 후 첫 라디오 연설에서 국민들의 눈높이에 맞춰 세계적 경제위기를 설명하고 협조를 구하겠다는 당초 취지에 맞춰 시종일관 조근조근 설명하는 투로 말했다. (……) 이는 자칫 있을지 모를 고압적이고 거친 느낌을 없애는 동시에 국민들에게 친근하고 소탈하게 다가서려는 '감성적 접근법'의 일환으로 풀이된다. (……) 한편 이 대통령은 국민적 협조가 필요한 상황에서 자신의 심경을 솔직히 토로하는 '감성적 접근법'을 종종 활용해 왔다. 촛불집회가 한창이던 지난 5월 대국민담화에서는 "내가 심혈을 기울여 복원한 청계광장에서 어린 학생들이 나와 촛불집회를 하는 모습에 가슴 아팠다"며 인간적인 고충을 털어놨다. 한 달 뒤 특별기자회견에서는 "청와대 뒷산에 올라가 끝없이 이어지는 촛불을 봤다. 내가 오래 전부터 즐겨 부르던 '아침이슬' 노래 소리도 들었다"며 "캄캄한 산 중턱에 홀로 앉아 시가지를 가득 메운 촛불 행렬을 보면서 국민들을 편안하게 모시지 못한 내 자신을 자책했다"고 말했다.[267]

이렇듯 대통령과 국민의 소통에 있어 과거에는 볼 수 없었던 감성적인 접근법이 중요하게 되었다. 물론 대선 때 정치가에게 이미지가 중요하기 때문에 감성에 호소하는 홍보 전략을 짜는 경우는 있어도 대통령이 국민들에게 말하는 연설문이 감정에 호소하는 경우는 거의 보지 못했던 일이다. 이런 것들을 볼 때, 앞으로도 이처럼 인간 마음의 '본연의 상태를 회귀'하고자 하는 '감성'은 우리 대중문화의 중요한 코드로 자리할 것이다.

# 제 1 2 장

## 문화산업 그리고 남겨진 문제들

이 책의 2부에서는 현대 대중문화를 관통하는 몇 가지 키워드, 즉 '해체', '쌍방향', '멀티', '이미지', '자연스러움의 추구'를 통해 현재 우리 사회에 일어나는 다양한 문화 현상들의 본질을 밝히고자 했다. 지금 우리 사회에 나타난 문화현상들은 현재 우리 사회가 지닌 여러 가지 다양한 특성들을 반영하고 있다. 그럼에도 불구하고 이런 모든 문화현상들은 자본주의 시장경제체제하에서 결국 산업이라는 형태로 대중과 맞닿아 있다는 공통점을 지니고 있다.

문화의 산업화에서는 상품가치가 무엇보다 중요한 것이 되었다. 이런 대중문화의 태생적인 속성은 21세기 신자본주의와 연관되어 상업주의적인 면이 더욱 강화되었고, 이로 인해 우리 사회에서 많은 문제점들이 나타나고 있다.

## 1. 해체의 문제점

디지털 혁명이 일어나고 거대서사와 절대 진리가 해체된 현대사회의 특성은 대중 개개인의 가치와 개성을 존중하며, 성공보단 행복을 추구하게 만들었다. 이는 우리 사회에 존재하던 고착화된 통념이나 편견을 극복하게 만들었다. 즉, 해체는 우리 사회 전반에 기존의 가치관과 세계관에 대한 유연성과 열린 사고방식을 가져오는 데 긍정적인 역할을 했다.

그러나 이러한 해체의 특성이 다른 한편으로는 대중들에게 현세(現世) 위주의 가치관을 갖게 해, 모든 문화에서 '지금', '이 순간', '나' 위주로 행하고 소비하는 경향을 낳게 되었다. 이러한 경향들은 다시 문화산업의 상업주의와 결탁하여, 여러 가지 문제점들을 야기하기도 한다.

사회현상을 가장 민감하게 잘 반영한다고 볼 수 있는 드라마를 살펴보면, 불륜과 이혼, 싱글맘, 심지어 동성애에 대한 시각이 과거와는 확연히 달라진 것을 볼 수 있다.

그런데 여기서 문제가 되는 것은, 이 새로운 시각이 타인을 이해하고 편견을 없애는 소재로 이용되는 것이 아닌 단지, 자극적이고 선정적인 것으로서 대중의 관심을 끄는 데만 이용된다는 것이다.

> 대한민국의 TV 드라마가 온통 불륜에 빠졌다. '19세 이하 관람불가'의 심야 시간대는 물론 주말 드라마, 미니시리즈에 불륜이 범람한다. 최근엔 아침 드라마와 일일극까지 침투하고 있다. (……) 그렇다면 왜 불륜인가? 사실 답은 간단하다. '지독한 게 먹힌다'는 방송가의 오래된 불문율이 작용하고 있다. 밋밋해선 시선을 끌 수 없다. 얼마 전 결혼한 인기작가 L씨의 드라마도 지독하지만 깊은 중독성 덕에 인기가 높았다. "아 진짜 말도 안돼, 너무해"라고 욕을 하면서도 자꾸 눈길이 가는 시청자의 심리를 이용한 것이다. 이는 방송사들의 무한경쟁에서 비롯한다. 시청률이 곧 광고수입과 직결되는 방송국으로서는 소위 '돈이 되는 드라마'를 편성할 수밖에 없다. 외주 제작사가 늘어나면서 가장 손쉽게 결과를 얻을 수 있는 소재인 불륜에만 집착하는 것도 최근 이같은 유사 드라마의 범람을 심화시킨 원인이 될 수 있다.[268]

위의 기사에서 알 수 있는 바는, 해체적 가치관들이 시청률을 올리는 상업적인 도구로 주로 이용되고 있다는 것이다. 따라서 앞서 말한 해체적인 가치관이 담긴 테마들은 대다수가 근원적인 문제점을 성찰하는데 도달하지 못하고 오히려 그것을 미화하고 새로운 진리인 양 가치를 전도시킨다. 이러한 가치 해체의 역기능은 사회현상에도 드러난다.

> 교단에서 교사들이 설 땅이 점점 좁아지고 있다. 스승과 학생간 '사제동행(師弟同行)'은 옛말이 된 지 오래고 학생과 교사간 갈등의 골마저 점점 깊어가고 있다. 교사가 교단에서 폭행당하는 사건이 해마다 늘어나고, 교육하는 보람을 느끼던 '스승의 날'이 공식적으로는 없어질 지경에 이르렀다.[269]

이처럼, 권위주의적이고 불합리한 교사의 태도에 항의할 수 있는 학생들이 늘어난 현대사회의 가치 해체적 성향은 참교육을 만들어가는 데 순기능을 한다고 볼 수 있지만, 그렇다고 교사의 권위를 인정하지 않는 아이들이 생기는 것은 또 다른 문제이다.

이것이 문제가 되는 근원적인 이유는 가정과 사회의 역할이 해체된 것에서 찾을 수 있다. 즉, 고정된 역할의 해체현상은 가정과 사회에 노인층이 존재할 자리를 만들어주지 않는다. 우리 사회에서 모두가 어려보이는 것에 혈안이 되어있고(동안열풍), 소비행태도 어린아이와 같으며(키덜트족), 그로 인해 엄마, 아빠, 아저씨, 아줌마(노무족, 나우족)는 사라지고 오로지 언니 오빠만 있으니 노인이 있을 자리는 거의 전무하다. 우리 사회는 세계에서 손꼽힐 정도로 고령화가 급속도로 진전되고 있는데, 대중의 의식은 모두가 그것으로부터 벗어나려고 안간힘을 쓴다. 이러한 현상에는 대중의 심리를 상업적으로 이용하는 매스미디어의 가세도 한몫했다.

<최고동안선발대회>를 추석 특집프로그램으로 내보내는 지상파 방송과, 패션과 피부만 가꾸면 마치 젊은이로 돌아갈 수 있다는 듯 환상을 심어주는 광고 마케팅은 우리 사회를 중장년층과 노인층의 역할이 필요 없는 사회로 만들어가고 있다. 결국 우리나라는 나이에 상관없이 '젊은 가면'을 쓰고자 하는 세계 제일의 성형왕국이 되었다.

## 2. 쌍방향의 문제점

디지털 혁명은 대중에게 이전의 시대와는 또 다른 막강한 파워를 부여했다. 이처럼 커진 대중의 파워는 수직적인 사회구조를 수평적인 사회구조로 변화시키고 다양한 소통이 중시되는 '쌍방향시대', '쌍방향문화'를 만들어냈다.

그러나 이러한 쌍방향 문화의 순기능에도 불구하고 다른 한 쪽에서는 그에 대한 역기능이 나타나고 있다. 대표적인 문제점 중의 하나가 바로 인터넷 등과 같은 '사이버 공간의 익명성'과 '여론 몰이'에 힘입은 '마녀사냥식 다수의 폭력'이다.

미 라이더 대학 심리학과 교수인 존 슐러는 "사이버공간의 익명성은 개인의 행동에 대한 책임을 묻거나 강제력을 동원할 수 없다"며 "이로 인해 사람들이 책임질 수 없는 말이나 명예훼손·비방 등의 글을 올리게 된다"고 지적했다.[270] 그의 분석대로 우리 사회에서 인터넷 익명성으로 인해 발생되는 심각한 문제 중의 하나가 일명 악성댓글, '악플'이다.

> 최근 사회적으로 문제가 되고 있는 '악성댓글'과 관련, 대학생 6명 중 1명 꼴로 '악성댓글을 달아본 적이 있다'는 설문결과가 발표됐다. (……) 악성댓글이 달리는 이유에 대해서는 '악성댓글의 심각성을 느끼지 못하는 분위기'와 '인터넷의 익명성'을 지적하는 의견이 팽팽히 맞섰다. 응답자의 28.2%가 '악성댓글이 크게 문제될 것이 없다는 생각'이 악성댓글이 달리는 이유로 지적한 데 이어, '인터넷 공간에서는 익명성이 보장되기 때문'이라는 응답이 27.3%로 2위를 차지했다. 실제로 악성댓글을 달아본 경험이 있는 대학생들의 40.7%가 '악성댓글이 크게 문제될 것이 없다고 생각해서' 악성댓글을 달았다고 응답했으며, '익명성의 보장'을 이유로 든 응답도 35.9%를 차지했다.[271]

위의 설문조사에서만 살펴보더라도, 급작스럽게 우리 사회에 다가온 디지털혁명은 인터넷 가입자수가 세계적이라고 할 만큼의 하드웨어적인 부분에서만 집중적으로 이루어졌을 뿐,[272] 인터넷과 사이버(가상) 공간이라는 '새로운 세계'를 어떻게 지배하고 이용할 것인가-즉, 가상공간에서의 규범과 규칙, 상식 등과 같은 전반적인 이용시스템 등-에 대한 소프트웨어적인 인식의 측면에서는 아직 초보수준의 단계임을 알 수 있다.

따라서 이로 인해 가장 상처를 많이 받는 대상은 대중에게 가장 노출이 많은 연예인이나 공인이라고 할 수 있다. 특히 사생활이 이미 상품으로 팔리는 연예인의 경우에는 더욱 심해서, 근거 없는 악플로 인해 많은 심적 고통을 겪고 있는데, 때문에 몇몇 연예인들이 악플에 의해 괴로워하며 자살까지 이르는 극단적인 결과를 낳기도 했다.

2008년 연예계의 가장 큰 이슈는 20년 스타로 살아온 배우 최진실의 자살이었는데, 그녀의 자살 원인 중엔 근거 없는 소문과 그로 인한 악성댓글도 한 몫을 했다는 자성의 목소리가 많았다.

이러한 악성댓글은 개개인의 의견표현으로 끝나지 않고 군중심리를 이끌어내, 결국 다수의 폭력으로 확장되는데, 우리 사회에서도 이런 집단주의 움직임이 실제로 드러나고 있고, 그 파워는 실로 대단하다.

> 미국산 쇠고기 수입 반대 촛불집회 관련 발언으로 네티즌의 비난을 받아왔던 개그우먼 정선희가 일부 프로그램 출연을 잠정 중단하기로 했다. 이 소식이 알려지자 또 다른 네티즌들은 "마녀사냥식 여론몰이의 결과"라며 "정선희 씨에게 힘을 주자"는 서명운동을 펼쳐 수천 명이 참여했다. 정선희의 소속사 라임 엔터테인먼트 최윤희 이사는 6일 오후 본지와의 통화에서 "정선희 씨가 '(촛불시위와 관련한 논란에 대해) 라디오를 통해 사과 방송을 했지만 진심을 알리기에는 부족한 것 같다'는 생각으로 자숙 기간을 갖기로 했다"고 말했다. 최 이사는 "MBC FM4U '정오의 희망곡 정선희입니다'는 7일부터 MBC-TV '불만제로', '이재용, 정선희의 기분 좋은 날' 등은 9일부터 출연을 잠정중단한다"고 밝혔다.[273]

개그우먼 정선희의 실언과 그에 대한 대중들의 여론은 그녀의 생업을 중단시킬만큼 강력한 힘을 발휘했다. 그러나 뜻하지 않게 그의 남편 안재환이 자살을 하자 일부에서는 자성의 목소리가 나오기 시작했다.

> 포털사이트 네이버에 글을 올린 'jeong7321'은 "이렇게 젊은 사람이 희생된 것에는 촛불도 일말의 책임이 있다고 본다"며 "정선희 씨 용기잃지 말고 힘내라"고 말했다. 포털사이트 네이트 닷컴에 '손지원'은 "지독한 마녀사냥의 결말이 보이나요? 제발 좀비고 알바고 간에 좀 자중합시다"는 질타의 글을 올렸고, '김진화'는 "그들 부부의 사업에 불매운동과 정선희 씨의 라디오, TV프로그램 하차시위 그리고 안재환 씨 미니홈피에 달린 그 수두룩한 악플들. 이 와중에도 악플다시는 분들도 있던데…직접적으로 영향을 준 것이 바로 네티즌이 내뱉었던 악플이 쌓이고 쌓인 것"이라고 말했다. '박영미'는 "손가락 열개 가지고 우리들이 죽인건 아닌가 문득 생각이 든다"고 자성의 목소리를 냈다.[274]

하지만 이러한 익명성에 기댄 인터넷 마녀사냥에서 제2, 3의 희생자가 나올 것이라는 우려가 생긴다. 그것은 실제로 배우 최진실에 대한 근거 없는 소문을 퍼뜨린 증권사 직원의 경우에서 찾아볼 수 있다.

> 탤런트 최진실의 동생 최진영이 14일 '최진실 사채설'을 유포한 증권사 여직원 백모(25) 씨에게 "절대 용서할 수 없다"며 공개사과를 요구하면서 백씨에 대한 악플(악성댓글)이 폭주해 '인터넷 마녀사냥' 논란이 재연되고 있다. (……) 최진영이 글을 올리고 난 뒤 최진영의 미니홈피에는 "백양(백씨를 지칭)이 사람을 죽였어요. 두 손으로 진실언니를 죽였다구요" "전국민들이 백양을 분노하고 원망하는데 사과로는 부족하니, 죽음으로 사죄하라"는 등 백씨를 비난하는 댓글이 폭주하고 있다. (……) 악플이 쇄도하자 '김진선'이란 네티즌은 최진영의 미니홈피에 "게시판을 보면 온통 백양을 욕하는 글 뿐인데 욕을 해서 문제가 아니라 또 한 사람을 죽게 만드는 건 아닌가 그런 생각이 든다"고 지적했다.[275]

즉, 안재환과 연관되어 최진실이 사채를 한다는 소문 때문에 그녀에게 다수의 폭력이 행해지다가 결국 자살이라는 극단적인 상황에 이르게 되자, 자신들의 폭력에 대해 책임을 회피하며 또 다시 그것의 원인제공자인 한 사람을 파헤쳐 여론몰이를 하기 때문이다.

이러한 연예인에 대한 악성댓글은 실언을 넘어서서 개인적인 라이프스타일까지 간섭하기 시작했다. 자신의 과거 연애사를 일일이 밝혔던 배우 손태영의 경우, 권상우와의 갑작스러운 결혼 발표는 악플러들의 표적이 되었다. 물론 공인에 버금갈 정도로 대중에게 영향력을 미치는 연예인으로서 신중하지 못하게 연애 과정을 내보인 것은 문제가 될 수 있지만, 그렇다고 해도 인신모독에 가까울 정도의 악성댓글 및 다수의 폭력은 가히 경악할 만하다.

> [앵커] 권상우와 손태영의 결혼이 왜 이렇게 논란이 되고 있는 건가요? 김연수: 그 이유는 무엇보다도 전혀 생각지도 못했던 권상우의 〈갑작스러운 결혼발표〉 때문인데요, 특히 그 결혼 상대가 남자 연예인들과의 화려한 연애 경력을 지닌 손태영이라는 것이 더욱 논란이 되고 있습니다. 사실 그녀는 몇 달전 방송에서 사귀던 사람과의 헤어진 것을 아파하는 눈물까지 보였기 때문에, 그들의 사랑과 결혼에 대해 팬이나 언론 등 대부분이 축복보다는 여러 가지 의심의 눈초리를 보내는 것이 아닌가 하는 생각이 듭니다. [앵커] 그런데 제 삼자인 대중들이 나서서 그의 결혼과 그녀를 비판하고 헐뜯어야 하는지 조금은 상식적으로 이해가 잘 안 가는데요? 김연수: 이런 현상의 이면에는 물론, 손태영이 대중의 시선을 받고 있는 연예인이라는 것을 잊고, 자신의 연애사를 너무 적나라하게 노출했다는 것과 결혼발표에 있어서 적극적으로 자신의 의견을 보이지 않았다는 것이 문제점이 있지만요. 그럼에도 불구하고 그녀의 연애사는 물론 그녀에게 불리했던 모든 일들이 들춰지며 결혼의 부당성이 논의된다는 것은 너무나 안타깝습니다. [앵커] 아직까지도 남자 연예인보다 여자 연예인의 과거사에 대해 대중들은 더 엄격한 잣대를 들이대는 느낌이군요. 김연수: 네 아직도 우리 사회가 겉으로는 열애, 결혼 등 이성관에 대해서 굉장히 열린듯하지만 실제로 여전히 보수적인 잣대를 가지고 있는 이중성을 잘 보여주는 것이 아닌가 하는 생각이 듭니다.[276]

이러한 현상은 비단 연예계뿐만이 아니다. 어떤 한 사람의 의견이 다수의 의견과 다르다면, 가차없이 틀린 것으로 몰아가는 흑백문화가 우리 사회의 전반에 쌍방향문화라는 보기좋은 가면을 쓰고 자리한 듯하다. 즉, 지금 우리 사회의 소통구조는 과거 하나의 의견이 소수권력자로부터 대중에게로 전달되는 일방향 수직구조에서 다양한 의견들이 권력자나 대중에게 동등하게 수용되는 수평구조로 바뀐 것이 아니라, 다수가 용인하는 하나의 의견이 소수에게 일방적으로 전달되는 또 다른 일방향의 수직구조로 바뀌었다. 이는 진정한 쌍방향문화가 아닌, 기존의 일방향 수직구조에서 엘리트가 다수의 대중으로 주체만 바뀐 채, 다른 문제점들을 낳고 있다.

## 3. 멀티의 문제점

급격한 IT의 발달로 현대사회가 유비쿼터스의 시대에 접어들면서 사회 전반의 환경 역시 20세기의 아날로그적인 것에서 디지털적인 것으로 바뀌게 되었다.

이는 이전과는 달리 속도의 시대를 만들어냈고, 또 다시 속도는 산업화되면서 중요한 가치가 되었다. 한 명 한 명 편지를 써야 되는 아날로그에서 수십 만통의 편지를 순간적으로 실시간으로 보낼 수 있는 디지털시대가 된 것이다.

그런데 속도의 시대는, 대중들에게 많은 것을 동시에 빨리 처리하려는 문화적 요구를 부추겼고 이러한 욕구는 문화산업과 연결되어 퓨전, 멀티라는 형태로 모든 분야에 확산되었다. 그리고 이러한 속도의 논리는 산업분야만이 아닌, 인간을 판단하는 중요한 능력이 되었다. 특히 2002년 월드컵에서 히딩크가 말한 "공격도 하고 수비도 할 수 있는 멀티플레이어가 필요하다"는 말에서 알 수 있는 것처럼 모든 분야에서 다양한 능력을 보일 수 있는 사람들이 대접 받는 사회가 되었다.

따라서 이처럼 우리 사회에 대중의 다양한 욕구를 만족시켜주는 슈퍼공간과 슈퍼인간-예를 들면 이전엔 볼 수 없었던 알파걸 등-의 등장은 당연한 것이고 또 환영할 만한 일이다. 그러나 한편으로 이런 멀티 현상이 산업에서는 상업주의와, 그리고 가치관에서는 성공제일주의와 결탁하면서 많은 문제점들을 발생시키고 있다.

> 국내 최초 상업 영화관 단성사가 23일 15억원의 당좌를 결제하지 못해 최종 부도처리 됐다. 102년간 한국 영화사의 상징으로 자리잡았던 단성사가 치욕적인 순간을 맞이했다. (……) 1907년에 설립된 단성사는 한국 영화의 산증인이자 상징으로 영욕의 세월을 함께 했다. 단성사의 최고 전성기는 1960년대에서 1990년대 초반까지다. (……) 하지만 역사도 단성사의 세월의 흐름을 비껴가지 못했다. 1990년대 중반부터 국내 극장가에 바람을 몰고 온 멀티플렉스 극장의 확장과 함께 쇠퇴의 길을 걷기 시작했다. (……) 단성사는 이보다도 늦은 2005년 지상 9층, 지하 4층 건물에 총 7개관 1,530석 규모의 멀티플렉스로 변모했다. 피카디리, 서울극장, 단성사 등 화려한 멀티플렉스로 관객들을 유혹하고 있지만, 대규모 자본을 등에 업은 CGV, 롯데 등에 밀려났다. 지난해 110억원의 손실 기록 등 계속해서 영업난을 겪어 왔고, 결국 치욕스런 날을 경험하게 됐다.[277]

이처럼 자본의 논리로 오랜 전통을 가진 영화나 공연만 상영하던 공간들이 대부분 멀티플렉스로 바뀌게 되어 전문공간으로서의 의미가 사라졌다. 이는 문화공간 뿐만이 아니다. 식문화에서도 된장찌개나 순대 등 한 가지만을 잘하던 작은 식당들 대신, 다양한 음식들을 한 곳에서 맛볼 수 있는 패밀리 레스토랑 및 퓨전 식당들이 그 자리를 차지해, 더 이상 장인정신이 담긴 음식은 먹기가 힘들어졌다. 이러한 것은 연예계에서도 예외가 아니다.

> 멀티형 가수는 버라이어티쇼 등을 통해 이름을 빨리 알릴 수 있을 뿐 아니라 행사 등을 통한 수익을 다각화 할

수 있는 장점도 있다. (중략) 멀티형 가수는 가수의 다양한 스펙트럼을 볼 수 있다는 긍정적인 측면이 있는 반면 가수의 본업인 노래를 등한시한다는 지적도 있다. 전문가들은 노래보다 가수들이 부각되는 멀티형 가수들의 특징을 예로 들면서 다양성 못지않게 전문성을 갖춰줄 것을 당부했다.[278]

요즘 문화상품으로서 가치있는 스타가 되려면, 노래만 잘하는 가수, 연기만 잘하는 배우로서는 어렵다. 예술적 재능을 넘어서, 개인적인 입담이나 개인기 등을 지녀야만 스타가 될 수 있는 것이다.

요즘 가수들이 가장 출연하고 싶은 프로그램은 무엇일까요? 윤도현의 러브레터? 음악중심? 이런 것들일까요? 아이러니하게도 가수들이 목을 매고 있는 방송은 음악전문프로그램이 아닌 쇼 오락프로그램입니다. 지난주에도 〈우리 결혼 했어요〉와 〈1박2일〉에 대한 시청자들의 반응은 뜨거웠습니다. 그 뜨거운 관심은 해당 프로에 삽입된 노래에까지 이어지고 있기에, 가수들은 이런 인기 오락프로들에 목을 매고 있는데요. 2년 전에 데뷔했지만 그동안 가수로서 뚜렷한 인상을 남기지 못했던 크라운 J는 〈우리 결혼했어요〉 출연 이후, 오히려 가수 이미지를 시청자들에게 확실히 심어줬습니다. 특히 서인영을 위한 이벤트에서 불렀던 그의 신곡 '투머치'는 음원 발매 즉시 각종 온라인 음악차트에서 상위권에 랭크되는 행운을 누렸습니다. (……) 이와 반대로 인기오락프로그램의 고정 자리를 확보하지 못한 대다수의 가수들, 이들은 열심히 음악을 만들어, 백방으로 뛰어다니며 홍보하고 콘서트도 열어보지만 오락프로그램에 나와 여자 게스트를 위해 노래를 불러 주거나, 야생에서 잠자는 가수들보다 대중의 이목을 끌기는 힘이 들어 보입니다.[279]

위의 인용문에서 볼 수 있는 것처럼, 가수건 배우건, 이제는 예능프로에 나가지 않고서는 대중들에게 인식될 수 없는 현실이 되었다. 이러한 현실은 많은 예술인들을 좌절시키며, 동시에 예능프로그램 PD들의 권력화를 가져와 출연비리 같은 문제들을 끊임없이 양산한다.

> 최근 방송사 현직 PD가 구속되는 초유의 일이 벌어졌다. 검찰은 KBS 이모 전PD에 이어 MBC 고 모PD가 가수들의 프로그램 출연을 대가로 거액을 받았다며 배임수재혐의로 구속해 수사를 벌이고 있다. (……) 가수에게 있어 1차 시장은 음반판매나 공연, 무대활동(밤무대포함), 행사 등의 수입이다. 방송과 광고, 이벤트 출연 등은 2차시장이 된다. 가수들은 방송에서 적은 출연료를 받고 출연하지만 방송을 통해 인지도와 홍보 효과, 인기라는 무형의 비금전적인 것으로 보상받기 때문에 수많은 가수들이 낮은 출연료 혹은 검은 뒷거래를 하면서까지 방송 출연을 하려고 노력하는 것이다. 방송출연으로 얻는 인기와 유명도를 바탕으로 1, 2차 시장에서 엄청난 수입을 올리는 것이다.[280]

이러한 현상은 일반인들에게도 그대로 확산되었다. 각 개인이 가진 능력은 기본이고 연예인 버금가는 외모까지 갖춰야 취직이 되는 시대가 된 것이다. 추석연휴나 휴가 그리고 방학과 같은 시기에 성형외과는 성형하려는 직장인과 예비직장인인 대학생들로 넘쳐난다. 설령 인위적이더라도, 만능 인간형에 다가가기 위해서이다.

> 주 5일 근무제가 본격 시행된 지 6개월을 넘어서면서 금요일 오후에 '감쪽 같은 변신'을 꾀하려는 '금요성형족(族)'이 급증했다. 그 바람에 성형가 대목이 방학이나 휴가철에서 자연스레 주말로 바뀌고 있다. 강남 지역 성형외과 전문의들에 따르면 성형환자의 40~50%가 최근 들어 금요일과 토요일에 몰리고 있다. 김진영 아름다운나라 성형외과 원장은 "지난해 연말을 전후로 주말에 성형하러 오는 환자가 급격히 늘었다"며 "6개월 전에 비해 약 30%가 증가했다"고 밝혔다. '금요 특수'로 아름다운나라 성형외과는 물론 몇몇 병원은 이제 금·토요일의 경우 연장 진료는 기본이 됐다. (……) 금요성형족의 등장으로 성형환자 세대도 다양성을 띤다. 외모도 경쟁력의 일환이란 인

식을 지닌 직장 젊은 여성은 물론 재취업을 원하는 중장년 여성도 금요성형족에 가세하고 있다.[281]

결국 멀티인간형의 요구는 우리 사회의 슈퍼맨, 수퍼우먼과 같은 만능인간들을 이상적인 인간형으로 만들기 때문에 그렇지 못한 평범한 사람들의 경우 과거의 시대보다 훨씬 더 큰 상대적 박탈감과 콤플렉스를 갖도록 한다.

## 4. 이미지의 문제점

속도의 바이러스에 지배를 받고 있는 21세기는 사람의 관계를 형성하는 과정이나 상품(문화산업을 포함한)을 선택하는 소비 형태가 이전과는 달리 이미지 중심으로 움직인다. 이런 이미지가 중시되는 시대적 환경변화는 여러 가지 문제점들을 낳고 있다.

이에 대해 제임슨은 "잠재적 가능성이 없는 이미지문화는 얇고, 깊이가 없고, 경박하다"고 지적하는데 실제로, 이미지가 중시되는 시대적 환경변화는 우리 사회에서 여러 가지 문제점들을 야기시키고 있다.

먼저 사람들에게 이미지는 자신의 외모를 중요하게 만들었고 결국 외모지상주의를 낳게 되었다. 그 결과 성형이 성행하게 되었는데, 특히 남들의 눈을 중시하는 우리 한국사회에서는 세계적으로 성형왕국이라는 오명을 남기기도 하였다. 이렇게 성형이 일반화됨으로써 그로 인한 폐해들이 속출하고 있다.

이른바 '전신 성형'이란 말이 돌 정도로 성형 대상이 넓어지면서 성형수술의 사고 위험성도 날로 높아지고 있다.

> 강남의 한 성형외과 병원장은 "한 병원이 '첨단 시술'로 유명세를 타면 불과 몇 주일 새 다른 병원으로 급속히 번져 나간다"며 "병원간 경쟁이 워낙 심해 솔직히 부작용이나 사고 위험성 등을 꼼꼼히 따져 볼 여유가 별로 없다"고 말했다. 이에 따라 전신마취 등 고위험 성형수술을 받다 사망에 이르는 치명적 사고도 늘고 있다. 실제로 지난 1월 턱관절 교정 성형수술을 받던 20대 남성이 마취 과정에서 뇌사 상태에 빠졌고, 얼굴 윤곽 성형수술을 받던 20대 여성은 목숨을 잃기도 했다. 의료소비자시민연대의 집계를 보면, 성형외과 의료사고 접수 건수가 2003년 52건에서 지난해에는 129건으로 5년새 2.5배 늘었다.[282]

성형의 소비가 늘어나면서 성형의료는 의료제도권에서 외곽지대로 확산되었고 그로 인한 폐해들, 즉 성형중독이나 잘못된 수술 등으로 고통받는 사람들이 늘어나고 있는데 반해 그에 대한 정책적 제도적 대책들은 미비하다. 그런 점에서 2007년 인터넷 카페에서 만난 성형수술 부작용 피해자들이 공동으로 소송을 내 첫 승소 판결을 얻어낸 것은 시사하는 바가 크다.[283]

이런 이미지가 중시되는 시대에 연예인들은 대중들에게 한번에 확실한 이미지를 심어줘야 하기 때문에 자신이 가진 한 가지 특징을 부각시키는 '캐릭터 만들기'에 몰두한다. 그러나 한 가지로 굳어진 캐릭터로 인해 그에 대한 부작용도 일어나고 있다.

> 29일 MBC '명랑히어로-두번살다'에 출연한 개그맨 정준하는 "사실 모두가 내 의지는 아니었지만 나는 바보였고 식신이었다. 하지만 그런 삶자체가 여러분이 준 것이었고 바보라는 이름처럼 살고 싶었다. 남의 것을 빼앗을지도 모르고, 모르는 걸 모른다고 말하는 바보. 그렇게만 살지 못했다"라며 자신의 이미지를 성찰했다. 정준하의 '바보형' '뚱뚱보'의 콘셉트는 자의반 타의반으로 만들어졌다. 정준하가 그러한 성향을 엿보였을 수도 있지만, 시청자들이 어수룩하면서도 정이 가는 정준하의 이같은 이미지를 지지하면서 '바보식신'의 이미지가 고착됐다. 하지만 정준하는 이같은 이미지는 술집 파문, 방송 중 욕설 논란 앞에서 독으로 작용했다. 정준하는 이미지와 괴리되는 연

이은 사건들로 더욱 격렬한 비난 여론에 시달렸다. 26일 MBC '황금어장-라디오스타'에서 '정준하 짜증', '정준하 한계' 등 자신을 향한 부정적 시각을 직접 언급하는 그의 모습은 기존의 미련하고 착한 콘셉트에 대한 부담감을 표출한 것이었다.[284]

바보 캐릭터로 사랑받은 정준하의 고백은 이미지시대에 캐릭터 연예인으로 살아가는 것이 얼마나 어려운 것인지 보여주고 있다. 즉 대중에게 한 가지 캐릭터로 강력하게 인식된 연예인이 일상의 자연인으로 돌아왔을 때, 실제 자신과 부각된 캐릭터와의 간극에서 고통스러워하는 경우가 대부분이다. 이러한 고통이 심할 경우에는 2007년 우리 사회에 충격을 준 가수 고(故) 유니의 경우와 같이 자살까지 이어지기도 한다.

유니 역시 비슷한 경우였다. 시장환경 때문에 섹시가수로 나올 수 밖에 없었다. 그 과정에서 내면과 충돌을 일으켰다. 일전에 유니가 한 매체와 가진 인터뷰를 살펴보면 겉과 속의 괴리로 얼마나 괴로워했는지 알 수 있다. "밖으로 보이는 모습을 내면과 동일시할 때 정말 속상해요. 무대에서 정숙한 모습을 보여드리지 못한다고 제 내면도 그럴 거라 여긴다면 그건 오해예요." 그러나 유니는 끝내 오해를 풀지 못했다. 그 고통을 속으로 삭히며 스스로 감내했다. 물론 노력을 안한 건 아니다. 인터뷰를 통해 "무대에서 보여지는 모습은 가수 유니일 뿐이다"고 몇 번이고 말했다. 그럼에도 불구 대중의 시선은 차갑기만 했다. 그저 보기 싫다고, 왜 나오냐고, 들어가라고 비난만 했다. 어디 그 뿐인가. 쉬는 동안에는 별별 루머까지 다 나돌았다.[285]

인용문에서 보는 것처럼 가수 故 유니는 대중들에게 실제 자신의 모습이 아닌 '섹시가수'로서만 인식되는 것을 견디지 못해 결국 죽음이라는 극단적인 선택을 하였다.

앞의 두 사례들에서 볼 수 있듯이, 이미지의 시대에 자신을 확실히 인식시키는 캐릭터는 필요하지만 자칫 한 인간의 다양하고 복합적인 측면을 한 가지로 단순화시킬 수 있다는 점에서 조심해야 할 것이다.

이처럼 이미지의 시대적 특성은 자칫, 현상이 본질을 우선하게 만드는 병폐를 낳는다. 이러한 것은 상품에 있어서는 더욱 심하다. 스타의 이미지와 결합한 수준 낮은 상품들의 범람이 그것이다.

> 홈쇼핑사들은 유명 연예인을 내세운 마케팅을 꾸준히 펼치고 있다. 연예인의 이름을 건 패션 브랜드를 론칭, 해당 연예인의 후광효과에 힘입어 빠른 시간 안에 소비자들의 이목을 끌기 위해서다. 대박을 터뜨리며 시간당 수억원을 올리는 브랜드도 간혹 있지만, 일부 브랜드는 얼마 되지 않아 조용히 사라져 제품의 품질보다 연예인의 인기에 편승한다는 지적을 받고 있다. (……) 일각에서는 제품 자체의 품질력 보다는 연예인의 인지도와 인기에 의존한 거품이라는 지적도 있다. 소비자들을 현혹시켜 충동구매를 유발할 수도 있다는 얘기다.[286]

연예인들의 이미지로 론칭된 상품들이 다른 상품들과 비교했을 때 가격대비 품질이 현저히 떨어지는 경우나 사기성이 짙은 경우가 많아 대중들에게 많은 비난을 받고 있다. 따라서 이미지나 브랜드가 중시되는 현대 사회에서 어떻게 하면 그 현상(이미지)에 맞는 질적인 부분들을 채울 것인가 하는 문제들을 우리는 진지하게 고민해야 할 것이다.

## 5. 자연스러움 추구의 문제점

본질보다 현상이 중요한 이미지의 시대인 속도의 시대는 우리의 삶을 인위적이고 가공적인 것으로 만들어갔다. 이러한 부자연스러운 삶에 지친 현대인들은 자연스러움을 회복하려는 움직임

–유기농을 먹고 느린 문화를 갖고자 하는 웰빙 문화라든지, 인위적인 화장대신 맨얼굴로 다니기, 비싼 옷보다는 멋지고 건강한 몸만들기 그리고 과거 문화의 미덕을 다시 즐기기 등–이 일어났다.

그러나 이 역시도 본래의 좋은 의도가 산업화되며 또 다른 폐해들을 낳고 있다. 자연스런 얼굴, 몸의 자연스러움의 추구는 쌩얼, 몸짱 열풍을 불러일으키며 건강함 대신 성형열풍을 가져와 그에 따른 많은 부작용들을 불러일으켰다. 자연스러운 몸의 모습을 나타내는 노출 역시 그 코드만 대중문화 콘텐츠 속에 상업적으로 이용될 소지를 안고 있다. 따라서 말하고자 하는 주제를 위한 필수적인 요소로서가 아닌 오로지 대중들의 시선을 끌기 위한 천박한 성상품의 도구로써 전락하지 않도록 경계해야 할 것이다.

웰빙 역시, 무조건 고가의 상품들이 웰빙인 양 인식되어 다수의 사람들이 피해를 본 경우가 많다. 실제로 유기농이 아닌, 식품인데도 웰빙을 상품인듯 속여서 팔아 문제가 되는 경우가 많다.

방송에서의 '틀 없음'의 자연스러움을 보여주던 리얼 버라이어티 프로그램들은 처음 프로그램들이 지녔던 장점을 점차 잃고 범람하면서 대중들에게 식상함을 가져왔다.

리얼 버라이어티의 인기가 계속 되고 있다. 특히 MBC 〈무한도전〉의 인기로 시작된 집단 MC 체제의 리얼 버라이어티가 유행이다. KBS, MBC, SBS 3사 모두 각각 '1박2일', '무한도전', '패밀리가 떴다'로 집단 MC 체제의 리얼 버라이어티를 정착시키는 데 성공했다. 리얼 버라이어티 인기에 힘입어 최근엔 리얼리티를 기반으로 한 여러 프로그램들이 나타나기 시작했다. SBS 〈절친노트〉, 〈좋아서〉, MBC 〈오늘밤만 재워줘〉, 〈내 딸의 남자〉 등 다수다. 문제는 한정된 연예인으로 현재의 리얼 버라이어티 형식을 언제까지 이어갈 수 있느냐 하는 점이다. 특히 비슷비슷한 종류의 프로그램들이 계속 파생되면서 쉽게 식상해질 수 있다는 점도 고민거리다.[287]

특히 최근에 리얼 버라이어티 프로그램의 대본이 공개되면서 지금껏 보아온 '리얼'이 미리 만든 '설정'이었다는 것에 대해 논란이 되고 있다.

> SBS '패밀리가 떴다'(이하 패떴)의 대본이 공개돼 논란이 일고 있다. 최근 발행된 방송작가협회 '방송문예' 12월호에 공개된 '패떴'의 강골마을 편 대본에는 상황과 대사까지 상세하게 정리되어 있어 시청자들에게 큰 충격을 주고 있다. 대본이 공개된 후 시청자들은 '김계모', '엉성천희', '천데렐라', '꽈당효리', '덤앤더머', '달콤살벌 예진' 등 출연진들의 캐릭터가 조작된 것이며, 리얼이 아니라는 등 비판의 목소리를 내고 있다. 이에 '패떴' 제작진들은 대본이 있는 것은 맞지만 전체적인 흐름을 잡아주는 가이드 라인일 뿐, 대본대로 하는 것은 불가능하며 출연진들이 자연스럽게 이끌어가는 것이라고 해명했다. 하지만 이같은 제작진들의 해명에도 논란은 계속돼 타 방송의 리얼 버라이어티 프로그램으로 번지는 등 파장이 커지고 있다.

이것은 방송사들의 시청률 지상주의가 가져온 결과이다. 대중들에게 인기를 얻을 수만 있다면 자연스러운 모습을 보여주는 '리얼'한 프로그램까지도 산업화의 논리로 '만들어질 수 있음'(출연자들의 표정, 행동, 대사, 상황 설정 등 상세한 부분 등)을 보여주는 것이다. 즉, 미디어는 대중들에게 그럴듯하게만 보인다면 거짓을 진짜로, 허구를 사실로 조작할 수 있으며 이는 여론조작이 가능하다는 점에서 문제가 된다.

그래서 '리얼'을 표방한 다큐프로그램들이 조작을 할 경우 엄격한 제제를 가하고 있는 것도 그 때문이다. 하지만 버라이어티 프로그램에서 '리얼'과 '허구'의 경계를 어떻게 구분하느냐에 대한 문제는 상당히 모호한 부분이어서 앞으로도 이에 대한 진지한 논의가 필요하다.

또한 자기의 감정에 충실하고자 하는 시대적 분위기는 자칫 본질을 파악하는 데 눈가림으로 작용할 수 있다. 예를 들어 우리나라 2007년 대선주자들의 홍보 광고를 보면 유권자들의 감성에 호소하는데, 이는 인물과 정책을 제대로 알고 투표하려는 사람들의 판단을 자칫 흐리게 할 수 있다는 점에서 문제가 된다.

> 이른바 '감성적 홍보전략'은 유난히 정(情)문화가 많은 우리의 정서를 충분히 활용해 짧은 시간 안에 한정된 선거운동을 펼쳐야 하는 주자들로선 더할나위 없는 홍보방식이다. 백마디의 말이 필요없이 유권자의 감성을 자극함으로써 후보 이미지를 유권자들에게 깊은 인상으로 심어줘 오랜시간 부드러운 잔상을 남겨놓기 때문이다. 또 오프라인의 한계를 극복하고 친근한 이미지를 집중 부각시키는 고도의 '포장기술'이 동원되기도 한다. (……) 그러나 일각에선 정책과 인물보다는 동정심에 호소하는 감성정치의 폐단을 지적하기도 한다. 후보자의 정책과 비전 등에 대한 냉정한 판단이 자칫 감성에 함몰돼 그릇된 판단으로 전락할 수 있다는 우려에서다.[288]

따라서 진정한 의미의 자연스러움의 회귀는 산업화에 의한 물질적인 회귀가 아닌, 인간이 지녀야 할 근본적인 덕목이 정당한 가치평가를 받을 수 있는 의식전환이 사회전반에서 일어날 때 가능하리라 생각된다.

# 나오며

2008년에 발생한 미국발 금융위기로 인해 우리나라 경제 역시 고전을 면치 못하고 있다.

이러한 경제위기는 다시 그것과 가장 민감하게 반응하는 문화계 전반을 강타했다. 대중문화의 대표적인 것이라고 할 수 있는 방송 분야에서는 방송사 광고 수익률이 IMF의 시기의 수준으로 떨어져 '저비용 고효율 프로그램들' 위주로 편성하기 시작했고, 영화계와 공연계 역시 작품 제작 편수가 확연히 줄었다.

이에 따라 문화예술계에서 2009년 가장 큰 목표가 '지금까지 해온 것을 현상유지 하는 것'이라는 말이 공공연하게 나올 정도이다. 따라서 올해 대중문화계는 모두 긴축재정에 들어갔고 이러한 문화계의 불황은 향후 2~3년간 지속될 것이라는 암울한 전망이 나오고 있다.

미국발 금융위기는 어디에서 오는 것일까? 표면적으로 미국의 서브프라임 모기지론에 있지만, 그 이면을 들여다보면 '거품경제'에서 왔다고 모두들 말한다.

그렇다면 '거품'은 어디서 오는가? 필자는 인문학을 전공한 연구자로서 이러한 거품은 급변하는 물질 만능의 시대에서 그것을 적절히 조절할 '철학의 부재' 때문이라고 생각한다.

필자는 이 책에서 최근 한국대중문화의 다양한 현상들을 몇 가지 키워드로 분석하며 그 원인을 밝히고자 했으나 그것에 대한 가치평가를 하지 않았다. 그 이유는 단순히 각각의 문화현상에 대한 문제점과 대안을 논의하기엔 이미 그 영역을 벗어났기 때문이다.

다시 말해서, 대중문화에 나타난 새로운 현상과 문제점들은, 현재 정치·경제·사회적으로 한국사회가 봉착한 자본주의의 전반적인 문제들과 맞닿아 있다. '남보다 더 잘 살고 싶은 욕망과 끝없는 부의 축적이 최고의 덕목'이라고 여기는 자본주의 사회에서 대중문화에 나타난 여러 가지 문제점들을 해결하기 어렵다.

우리나라의 최근 60년사를 되돌아보면 세계적으로 산업화와 민주화를 가장 빨리 그리고 성공적으로 이끈 나라로 자랑스러워할 만하다. 그러나 안타깝게도 이러한 급속한 성장과 성취들을 계속해서 지탱해 줄 건전한 철학은 부재했다. 따라서 이러한 것은 우리의식을 지배하고 반영하는 문화현상에 그대로 나타나 철학이 부재한 '거품' 투성이의 창작자와 소비자들을 양산해내고 있다.

그렇다면 현재 우리에게 필요한 철학은 어떤 것인가? 진리도 해체되었다는 포스트모던 시대에 필자가 감히 하나의 이론을 내세울 수는 없지만, 하나 분명한 것은 대안을 가진 철학이 지금 문제가 되는 '거품'을 양산한 철학과는 대척점에 놓인 것이라는 점이다.

투기와 숫자놀음의 머리로 부를 축적하는 것이 아니라 건강한 노동으로 돈을 벌고, 허세를 위해 집을 사는 것이 아니라 몸을 쉴 공간으로써 집을 사고, 바보스러워 빼앗긴 것이 아니라 남을 배려해서 양보하는 것으로 인식되는 사회를 만들 수 있는 철학. 그것은 모든 인류가 말했던 인간이 기본적으로 가져야할 덕목들인 배려, 양보, 조화, 도덕, 근면, 성실, 정직 등을 중시하는 철학이다. 이러한 철학이 밑바탕될 때, 지금 우리 대중문화가 산업화되어 나타나는 모든 근원적인 문제들이 해결될 수 있을 것이다.

다행히도 이러한 움직임이 최근 우리 대중문화계에서 서서히 일어나고 있다.

김장훈과 문근영 등 톱스타들의 선행 릴레이는 지난해에 이어 올해에도 계속돼 전 국민들의 마음을 훈훈하게 했다. 20여 년에 이르는 가수 생활 동안 총 45억원에 달하는 거금을 청소년과 불우이웃 돕기에 기부하며 세상을 놀라게 한 '선행천사' 김장훈은 여전했다. 가수 김장훈은 지난 6월에는 3억원의 자비를 들여 기름유출로 고통 받는 서해안 주민과 자원봉사자들을 격려하는 페스티벌을 지휘하며 뉴욕타임즈에 독도와 동해에 대한 광고를 내는 등 각종 봉사 활동에 앞장섰다. 특히 중국을 대표하는 영화배우이자 선행천사로 유명한 성룡(청룽)과 김장훈의 인연이 알려져 화제가 되기도 했다. 지난 7월 김장훈이 서해안 페스티벌에서 공연을 펼치다 쓰러진 직후 성룡은 수표 1만 달러가 동봉된 친필 한글 편지로 그를 격려했다.

또 배우 문근영의 소리 없는 선행이 알려지면서 네티즌의 시선을 끌었다. 그의 선행은 사회복지모금회가 10주년 통계를 발표하며, 개인 기부자로는 가장 많은 8억 5000만원을 기부한 20대 여성을 문근영으로 지목하며 알려졌다. 이밖에도 문근영은 장학재단 및 소아암 환자 돕기에 수억 원을 기탁하는 등 소리 없는 선행을 계속해 왔다고. (……)[289]

문화 권력자들이 스스로 자신의 사회적 책임을 느끼고 열심히 행동하는 <스타 오블리제>의 급증과 그에 대한 대중의 열렬한 지지, 유명 인사나 지도자층일수록 일반인보다 더욱 강력한 도덕적 잣대를 들이대는 전반적인 사회분위기(학력위조나 병역비리, 뇌물수수 등 부도덕해서는 유명 인사나 지도자로 그 자리에 있을 수 없다는 것을 보여준다), 그리고 성공제일주의, 황금만능주의로부터 자신만의 참살이를 살고자 하는 대중의 움직임이 그것이다. 따라서 필자는 이런 새로운 움직임들이 일어나고 있기에 비록 산업화에 따른 문제점들을 가진 21세기 한국대중문화의 현실이지만 여전히 그에 대한 희망을 가져본다.

## ● 미주

1 김창남, 『대중문화의 이해』(한울, 1998), p.10.
2 위의 책, pp.11~13 참고.
3 Raymond Williams, "*Keywords*"(London : Fontana, 1983), p.90.; 존 스토리, 박만준 역, 『대중문화와 문화연구』(경문사, 2006), p.2.
4 강준만, 『대중문화의 겉과 속 1』(인물과 사상사), p.18.
5 강영안 외, 『대중문화 더 이상 침묵할 수 없다』(예영커뮤니케이션, 1998), p.33.
6 존 스토리, 박만준 역, 앞의 책(2006), pp.23~24.
7 김창남, 앞의 책(1998), p.25.
8 앤 세퍼드는 가치 있는 예술 작품 모두가 공유하고 있는 속성에 관해 미학적 제반이론들은 다양한 근거들을 제시했는데, 그 중 중요한 세 가지 유형으로 모방, 표현, 형식을 들었다. 앤 셰퍼드, 유호전 역, 『미학개론』(현대신서, 2001) 참고.
9 여기서의 대중문화이론들의 유형분류에 있어서는 A. Swingewood, "*The Myth of Mass Culture*"(Londen: Macmillan Press, 1977)의 이론을 따르도록 하겠다. 이강수, 『대중문화와 문화산업론』(나남, 1998) 참고.
10 A. Swingewood, "*The Myth of Mass Culture*"(Londen: Macmillan Press, 1977), pp.22~23.; 위의 책, p.7.
11 W. Kornhauser, "*The Politics of Mass Society*"(New York : Free Press, 1959); 위의 책, p.16.
12 Ibid.; 위의 책 참고.
13 스윈지우드는 보수귀족주의나 엘리트주의적 입장에서 대중문화를 비판한 대표적인 문화론자로 토크빌(A. Tocqueville), 니체(F. Nietzsche), 버크하르트(J. Burckhardt), 가세트(Ortega Y. Gassett), 만하임(K. Mannheim), 엘리어트(T. S. Eliot), 아놀드(M. Arnold) 그리고 리비스(F. Leavis) 등을 들었다. 위의 책, pp.23~24.
14 R. Williams, "*Culture and Society*" 참조.; 박만준 역, 앞의 책(2006), p.29.
15 M. Arnold, "*Culture and Anarchy*"(London : Cambridge Univercity Press, 1960), p.105.; 위의 책, 같은 페이지.
16 M. Arnold, Op. cit., p.69, p.76.; 위의 책, p.26.
17 아놀드에게 있어서 대중문화는 무정부 상태, 즉, 노동계급의 노동조합, 정치선동, 노동계급 문화 등의 유혹이 있는 상태를 의미한다. 위의 책, p.27.
18 아놀드에게 문화는 (1) 최선의 것이 무엇인지 알 수 있게 하는 능력이며, (2) 최선 그 자체이고, (3) 최선의 것을 정신과 영혼에 적용하는 것이며, (4) 그 최선을 추구하는 것이다. 위의 책, p.25.
19 M. Arnold, Op. cit., p.48.; 이강수, 앞의 책(1998), p.29.
20 M. Arnold, "*Poetry and Prose*", p.364.; 박만준 역, 앞의 책(2006), p.30.
21 Ibid.; 위의 책(1995), 같은 페이지.
22 F. R. Leavis, "*Mass Civilization and Minority Culture*"(Cambridge: Minority Press, 1930), p.13.; 위의 책, p.31.
23 F. R. Leavis and D. Thompson, "*Culture and Environment*"(Westport, CT: Greenwood Press, 1977), p.3.: J. Storey, "*An Introductory Guide to Culture Theory and Popular Culture*"(Simon & Schuter, 1993), p.3.; 박모 역, 『문화연구와 문화이론』(현실문화연구, 1995), pp.30~31.
24 Ibid.; 위의 책, p.31.
25 Ibid.; 위의 책, 같은 페이지.
26 Ibid.; 위의 책, p.32.

27 Ibid.; 위의 책, p.26.
28 F. R. Leavis, "*Fiction and the Reading Public*"(London: Chatto and Widus, 1978), p.270.; 박만준 역, 앞의 책(2006), p.32.
29 스윈지우드는 라이트 밀즈(C. W. Mills), 호르크 하이머, 아도르노 그리고 마르쿠제를 들고 있다. 이강수, 앞의 책(1998), p.32.
30 A. Swingewood, Op. cit., p.78.; 위의 책, p.37.
31 D. Held, "*Introduction to Critical Theory : Horkheimer to Habermas*"(London : Hutchinson & Co., 1980), p.88.; 위의 책, pp.36~37.
32 Ibid.; 위의 책, p.36.
33 H. Marcuse, "*One Dimensional Man*"(New York: Routledge, 1964), p.9.; 위의 책, p.38.
34 T. Adorno, "*Prims*"(Spearman, 1967), p.32.; 위의 책, pp.129~130.
35 T. Adorno and Horkheimer, "*The Culture Industry : Selected Essays on Mass Culture*"(London : Routledge, 1991), pp.85~92.; 위의 책, p.40.
36 이 논문은 처음에는 그들의 공저 『계몽의 변증법』에, 그리고 1973년에 발간된 영문판에 게재되었다. T. Adorno and M. Horkheimer, "*Dialectic of Enlightenment*"(New York : Allen Lane, 1973), pp.143~167.; 위의 책, pp.35~36.
37 T. Adorno and Horkheimer, Op. cit., pp.85~92.; 위의 책, p.40.
38 A. Hauser, "*The Philosophy of Art History*"(Cleveland Publishing Co., 1963.); 위의 책, 같은 페이지.
39 E. Shils, "*'Mass Society and Its Culture', in N. Jacobs(ed.), Culture for the Millions?*"(New York : D. van Nostrand Co., 1963), pp.1~2.; 강현두 역, 『대중문화론』(나남, 1987), pp.105~107).
40 E. Shills, "*Daydreams and Nightmares : Reflection on the Criticism of Mass Culture*" Sewane Review 65(1957), pp.567~608.; 위의 책, 같은 페이지.
41 갠스의 취향문화론과 취향공중론은 H. S. Gans, "*Popular Culture and High Culture : An Analysis and Evaluation of Taste*"(New York : Basic Books, 1974), pp.69~94.; 강현두 역, 『대중문화와 고급문화』(삼영사, 1977), pp.125~156 참조.
42 Ibid.; 위의 책, p.111.
43 김창남, 앞의 책(1998), pp.33~38.
44 이강수, 앞의 책(1998), p.118.
45 H. S. Gans, Op. cit.; 강현두 역, 앞의 책(1977), p.216.
46 D. Bell, "*'America as a Mass Society', in D. Bell, The End of Ideology*"(Free Press, 1962), chap.5~6.
47 이 밖에도 본문에서는 다루지 않았지만 페미니즘, 미국 내의 찬반론들, 다원주의적 대중문화론들은 대중문화를 논하는 데 참고할 만한 이론들이다.
48 Ferdinand de Saussure, "*Course in General Linguistics*"(London : Fontana, 1974), p.120.; 박만준 역, 앞의 책(2006), p.83.
49 Claude Levis-Strauss, "*Structural Anthropology*"(London : Allen Lane, 1968), p.209.; 위의 책, p.85.
50 Terence Hawkes, "*Structuralism and Semiotics*"(London : Methuen, 1977), p.39.; 위의 책, 같은 페이지.
51 Claude Levis-Strauss, Op. cit., p.209.; 박만준 역, 위의 책, p.86.
52 바르트의 대중문화에 대한 비판적 시각은 1957년에 발간된 『신화 *Mythologies*』와 1967년에 발간된 『유행의 체계 *System de la mode*』에 일관적으로 나타나 있다.
53 R. Barthe, "*Mythologies, selected and translated by Leavers*"(New York : Hill and Wang, 1972), p.9.; 이강수, 앞의 책(1998), p.56.
54 박모 역, 앞의 책(1995), p.119.; 이강수, 위의 책, p.57.

55 이강수, 위의 책, p.114.; 박만준 역, 앞의 책(2006), p.93.
56 R. Barthe, Op. cit., p.11.; 박만준 역, p.91.
57 이강수, 앞의 책(1998), p.56.
58 박모 역, 앞의 책(1995), p.119.; 이강수, 앞의 책(1998), p.56.
59 Saussure, "*Course in General Linguistics*", p.16.; 박만준 역, 앞의 책(2006), p.91.
60 Ibid., p.116.; 박만준 역, p.96.
61 Ibid.; 위의 책, 같은 페이지.
62 Ibid.; 위의 책, 같은 페이지.
63 Ibid., p.29; 위의 책, p.99.
64 Roland Barthes, "*'Rhetoric of the image', Image-Music-Text*", p.46.; 위의 책, 같은 페이지.
65 Ibid., p.9; 위의 책, p.91.
66 김창남, 앞의 책(1998), p.67.
67 Jacques Derrida, "*Speech and Phenomena*"(Evanston : North Western University Press, 1973), 박만준 역, 앞의 책(2006), p.102.
68 Jacques Derrida, "*Writing and Differencecs*"(London : Routledge & Kegan Paul, 1978), p.25.; 위의 책, p.102.
69 Jacques Derrida, "*Positions, London*"(Athlone Press, 1978), p.36.; 위의 책, p.104.
70 Brry Smart, "*Michel Foucault*"(New York : Tavistock, 1985), p.59.; 위의 책, p.110.
71 Michel Foucault, "*Discipline and Punish*"(Harmondsworth : Penguin, 1979), p.27.; 위의 책, p.110.
72 Michel Foucault, "*History of Sexuality*"(H, Harmondsworth : Penguin, 1981), pp.92～97.; 위의 책, 같은 페이지.
73 Foucault, "*Discipline and Punish*"; 위의 책, p.110.
74 1970년대 이후 스튜어트 홀(S. Hall)에 의해 주도된 영국의 문화연구학파(Culture Studies) 문화론의 근간을 이룬 것은 그람시의 헤게모니 이론(hegemony theory)과 함께 알튀세의 구조주의적 이데올로기 이론이다. 또한 그의 이데올로기론은 영국의 '스크린'(Screen) 학파에 의해서 대중영화 분석에 그대로 이용되었다. 박모 역, 앞의 책(1995), p.161.
75 L. Althusser, "*For Marx*"(London : allen Lane, 1969); 박만준 역, 앞의 책(2006), p.47.
76 K. Narx and F. Engels, "*The German Ideology, trans. by R. Pascal*"(London : Lawrence & Wishart, 1938), p.39.; K. Marx, Early Writings, trans. by L. Colletti(Harmondsworth : Penguin, 1975), p.425.
77 L. Althusser, "*For Marx*"(London : Allen Lane, 1969), p.164.; 박만준 역, 앞의 책(2006), p.49.
78 L. Althusser and Balibar "*Reading Capitalx*"(London : New Lft Books, 1970); 위의 책, p.48.
79 L. Althusser, Op. cit., p.238.
80 L. Althusser, "*Lenin and Philsophy and Other Essays, trand. by B. Brewster*"(London : New Left Books, 1971), pp.123～173.; 위의 책, p.51.
81 위의 책, p.51.
82 L. Althusser, Op. cit., p.105.; 위의 책, p.54.
83 위의 책, 같은 페이지.
84 L. Althusser, Op. cit., pp.123～173.; 위의 책, 같은 페이지.
85 Ibid., p.180.; 위의 책, p.55.
86 Ibid.; 위의 책, p.56.
87 Richard Hoggart, "*The Uses of Literacy*"(Harmondswort : Penguin, 1990), pp.147～148.; 존 스토리, 박만준 역, 『대중문화와 문

화연구』(경문사, 2006), p.55.
88 Ibid., p.120.; 위의 책, p.53.
89 위의 책, p.54.
90 Ibid., p.340.; 위의 책, 같은 페이지.
91 Ibid., p.24.; 위의 책, 같은 페이지.
92 Ibid., p.17.; 위의 책, 참고.
93 Stuart Hall, "*'Culture Studies and the Centre : some provlematics and problem', Culture, Media, Language*"(Ha, Stuart Hall 외(eds), London : Hutchinson, 1980), p.18.; 위의 책, p.60.
94 문화연구에 끼친 윌리엄즈의 영향은 엄청나다. 그의 연구범위만도 상상을 초월할 정도이다. 그는 문화이론, 문화사, 텔레비전, 언론, 라디오와 광고에 대한 이해에 매우 중요한 업적을 남겼다. 앨런 오코너 Alan O'Connor의 참고문헌 목록에 나오는 인쇄된 윌리엄즈의 목록만도 39쪽에 이른다. 그의 기여는 그가 웨일즈 노동계급 출신(그의 아버지는 철도 신호수였다)이라는 것과 또 학자로서는 캠브리지 대학의 연극과 교수였다는 사실을 두고 볼 때 더욱 놀랍다. 이 단원에서는 그가 문화주의의 출발에 미친 기여와 그것이 대중문화 연구에 끼친 영향에 대해서만 살펴보려고 한다. 참고할 만한 책으로 Alan O'Connor, "*Raymond Williams : Writing, culture, politics*"(Oxford : Basil Blackwell, 1989)가 있음. 위의 책, p.61.
95 Rymond Williams, "*'The analysis of culture', in Cultural Theory and Popular Culture : A Reader, 2nd edn(ed), John Storey, Hemel Hempstead*"(Prentice Hall, 1988), 위의 책, 같은 페이지.
96 Ibid.; 위의 책, 같은 페이지.
97 Ibid., p.48.; 위의 책, 같은 페이지.
98 Ibid.; 위의 책, p.62.
99 Ibid.; 위의 책, 같은 페이지.
100 Ibid.; 위의 책, 같은 페이지.
101 Ibid.; 위의 책, 같은 페이지.
102 Ibid., p.52.; 위의 책, p.63.
103 Ibid.; 위의 책, 같은 페이지.
104 Ibid., p.53.; 위의 책, 같은 페이지.
105 Ibid.; 위의 책, 같은 페이지.
106 Ibid., p.54.; 위의 책, p.64.
107 Rymond Williams, Op. cit.(1988), p.55.; 위의 책, p.65.
108 Ibid.; 위의 책, 같은 페이지.
109 Ibid., p.51.; 위의 책, 같은 페이지.
110 Rymond Williams, "*Culture and Society*"; 위의 책, 같은 페이지.
111 Ibid., p.314.; 위의 책, p.66.
112 Hall and Whannel, "*The Popular Artsp*"; p.35.; 위의 책, p.71.
113 Ibid., p.38.; 위의 책, p.73.
114 Ibid., p.39.; 위의 책, 같은 페이지.
115 Ibid., p.59.; 위의 책, p.74.
116 Ibid., p.269.; 위의 책, p.75.

117 Ibid.; 위의 책, p.70.

118 이강수, 앞의 책(1998), p.94.

119 McRobbie, "*Postmodernism and Popular Culture*", p.13.; 박만준 역, 앞의 책(2006), p.207.

120 Dick Hebdige, "*Postmodernism and the other side, Cultural Theory and Popular Culture : A Reader*"(Prentice Hall, 1988), pp.371~372.; 위의 책, p.208.

121 참고할 만한 책으로는 Steven Best & Douglas Kellner, "*Postmodern Theory : Critical investigations*"(London : Macmillan, 1991); 위의 책, p.208.

122 A. Huyssen, "*After the Great Divide : Modernism, Mass Culture and Postmodernism*"(London : Macmillan, 1986); 이강수, 앞의 책(1998), p.96.

123 F. Jameson, "*The politics of theory : ideological positions in the postmodernism debate, The Ideologies fo Theory Essays, vol. 2*"(London : Routledge, 1988), p.104.; 박만준 역, 앞의 책(2006), p.209.

124 Simon Frith & Howard Home, "*Art into Pop*"(London : Methuen, 1987), p.104.; 위의 책, p.211.

125 Huyssen, "*After the Greate Divide*", p.188. 또한 참고할 만한 책으로는 George Melly, "*Revolt into Style : Pop arts in the 50s and 60s*"(Oxford : Oxford University Press, 1989); 위의 책, p.212.

126 Huyssen, After the Greate Divide, p.195.; 위의 책, p.213.

127 Susan Sontag, "*Against Interpretation*", p.299.; 위의 책, p.209.

128 Ibid., p.302.; 위의 책, 같은 페이지.

129 Ibid.; 위의 책, p.213.

130 Ibid.; 위의 책, p.215.

131 Iain Chambers, "*Popular Culture : The metropolitan experience*"(London : Routledge, 1988), p.216.; 박만준 역, p.215.

132 F. Jameson, "*Postmodernism or the Cultural Logic of Late Capitalism*"(Durham : Duke Univ. Press, 1991), p.6.

133 이강수, 앞의 책(1998), p.98.

134 Best and Kellner, "*Postmodern Theory*", p.111.; 박만준 역, 앞의 책(2006), p.216.

135 Connor, "*Postmodernist Culture*", p.51.; 위의 책, p.216.

136 S. Beat and D. Kellner, "*Postmodern Theory : Critical Interrogation*"(London : Macmiilan, 1991), p.109.; 위의 책, pp.98~99.

137 박모 역, 앞의 책(1995), p.236.

138 J. Baudrillard, "*Simulations*"(New York : Semiotext, 1983), p.2.; 위의 책, pp.236~239.

139 J. Baudrillard, Op. cit., p.23.; 위의 책, p.220.

140 J. Baudrillard, Op. cit., p.25.; 위의 책, p.221.

141 위의 책, 같은 페이지.

142 J. Baudrillard, Op. cit., pp.12~13.; 위의 책, p.222.

143 Lawrence Grossberg, "*It's a Sin : Essays on postmodernism, politics and culture*"(Sydney : Power Publications, 1988), p.175.; 박만준 역, 앞의 책(2006), p.222.

144 Jameson, "*Postmodernism, or the culture logic of late capitalism*"(1991), Op. cit.; 위의 책, p.224.

145 Ibid.; p.113.; 위의 책, 같은 페이지.

146 Ernest Mandel, "*Lte Capitalism*"(London :Verso, 1978); 위의 책, p.224.

147 위의 책, 같은 페이지.

148 참고할 만한 책으로는 Raymond Williams, "*'Base and superstructure in Marxist cultural theory', Problem in Materialism and Culture*"(London : Verso, 1980); 위의 책, 같은 페이지.
149 Jameson, Op. cit., p.65.; 위의 책, p.225.
150 박모 역, 앞의 책(1995), p.244.
151 Jameson, Op. cit., p.60.; 위의 책, p.226.
152 Jameson, Op. cit., p.61.; 위의 책, 같은 페이지.
153 위의 책, p.247.
154 박만준 역, 앞의 책(2006), p.230.
155 위의 책, 같은 페이지.
156 Ibid.; 위의 책, p.230.
157 Ibid., p.89.; 위의 책, 같은 페이지.
158 Grossberg, Op. cit, p.174.; 위의 책, p.231.
159 John Fekete, "*Introductory notes for a postmodern value agenda', Life After Postmodernism*"(New York L St Martin's Press, 1987), p.17.; 위의 책, p.242.
160 Sontag, *Against Interpretation*, p.304.; 위의 책, p.243.
161 Simon Frith & Howard Home, Op. cit., p.169.; 위의 책, 같은 페이지.
162 1994년 동국대학교 문화예술대학원이 생긴 것을 비롯해서 1995년에는 중앙대학교 예술대학원, 1999년 경희대학교 경영대학원 문화예술경영학과, 2000년대 단국대 대중문화예술대학원 등이 생겼다.
163 FORESEEN 연구소, 공나리 역, 『호모사피엔스에서 인터랙티브 인간으로』(동문선, 2001), p.224.
164 <19 그리고 80> 공식 팬 카페(http://cafe.daum.net/19and80) 참조.
165 2006년 초혼부부의 여성연상은 12.8%, 동갑은 15.4%로 남성연상은 2000년 대비 4.6%p 감소하였고, 동갑과 여성연상은 각각 2.6%p, 2.1%p 증가하고 있음을 보여주고 있다. 『2007 통계로 보는 여성의 삶』(통계청, 사회복지통계과, 2007.7) 참조.
166 우리나라 대표적인 포털싸이트 중 하나인 다음 커뮤니케이션만 해도 <사랑해서는 안될 사람을 사랑하는 사람의 모임>(http://cafe.daum.net/lovedevice, 회원수: 3292), <유부남을 사랑하는 카페>(http://cafe.daum.net/dbtkah15, 회원수: 351) 등이 있다.
167 <리얼스토리 묘> 58회, 우리 애인은 유부남, 2007년 11월 18일 방영분.
168 90년대 후반 대학가에 동성애자 인권모임이 등장해서 사회적 반향을 불러 일으켰다. 건국대, 경희대, 서울시립대, 한양대, 홍익대, 이화여대, 경산대 등 전국 15개 대학에서 모인 학생 1백여 명은 동성애자 인권옹호를 주장하며 '범대학동성애자인권단체'를 구성하고 기존 각 대학별 친목 모임수준에 그쳤던 데서 한발 더 나아가 자신들의 존재에 대한 사회의 인정을 공식 요구하고 나섰다. 그러나 이에 대한 대학인들의 대다수 반응은 여전히 "우리 사회 가치관으로는 선뜻 이해하기 어려울 뿐더러 받아들이기도 쉽지 않다"는 냉담한 반응이었다. <한국경제> 1997년 11월 7일자.
169 "동성애, 버젓이 한국 영화 유행코드로", <미래한국> 2009년 1월 7일자.
170 문소정, 「한국가부장제의 확립배경에 관한연구」(한국사회사학회편, 『사회와 역사』 제33권, 1992), pp.118~121.
171 한국보건사회연구원(www.kihasa.re.kr)이 1만여 명의 초・중・고생을 대상으로 조사해 발표한 "미래세대의 결혼・출산 친화적 가치관 정을 위한 종합연구", <데이터뉴스>, 2007년 3월 9일자.
172 김민주・이마스(emars), 『앞으로 3년, 대한민국 트렌드』(한스미디어, 2007), pp.112~113.
173 <미스터주부퀴즈왕 제작보고회>, 2005년 8월 30일, 서울힐튼호텔.
174 "살림만 하는 남편 '전업주부' 15만 명 3년새 40% 늘어", <조선닷컴>, 2007년 10월 21일자.

175 실제로 10년 전에도 맞벌이 부부는 많았지만 남편 쪽이 전업주부로 나선 비율은 지금과 비교에서는 현저히 낮았던 것을 보면, 성 역할의 해체를 단순히 경제력만으로 이해하기엔 부족하다.

176 "성인 68%, 전업주부 남편 긍정적", <데이터뉴스>, 2005년 4월 26일자.

177 김민주 · 이마스(emars), 앞의 책(2007), p.116.

178 "신 소비계층 '족(族)'을 잡아라", <Economy21>, 2007년 5월 7일자.

179 댄 킨들런, 최정숙 역, 『알파걸』(미래의창, 2007) 참고.

180 킨들런에 따르면 지난 4년간 미국 전체 대학 남녀 신입생 평균비율은 1대 1.33이다. 남자보다 여자 대학생이 많다. '아이비리그'에도 여학생이 남학생을 압도하고 있다. 여기에 지난 2004~2005학년도엔 미국 전체 학위 취득자의 59%가 여자였다.

181 SBS-TV <굿모닝 세상은 지금> 2007년 5월 13일 방영분에서 알파걸 신드롬을 1시간 동안 집중적으로 다뤘다.

182 "알파걸 · 베타보이 그리고 여초현상, 모두가 남성 위주", <데일리서프라이즈>, 2007년 4월 12일자.

183 페이스 팝콘, 김연신 역, 『이브올루션』(21세기북스, 2001), pp.17~18.

184 톰 피터스, 정성묵 역, 『에센셜 세트-트렌드편』(21세기북스, 2006).

185 "이브올루션 시대와 여성 리더십", <데일리안>, 2007년 2월 11일자.

186 "소서노, 여성이 뽑은 최고의 캐릭터", <마이데일리>, 2007년 1월 18일자.

187 "중년여성들 외모 가꾸기 열풍", <경향신문>, 2007년 6월 21일자.

188 캐릭터 키티에 대한 마니아 동호회가 많은데, 2003년 11월 27일에 개설된 Daum의 <들딸기키티매냐>라는 카페는 (http://cafe.daum.net/fieldstrawberry, 회원수: 2,826) 키티 상품으로 가득한 집 사진들과 벼룩시장 등으로 활발히 활동 중이다.

189 유병선, 『밀레니엄 키워드. COM』(웅진닷컴, 2000), p.302.

190 엘빈 토플러, 이규행 역, 『제3의 물결』(한경BP, 2004) 참고.

191 위의 책, p.473.

192 "유비쿼터스 디지털, TV, 실시간 쌍방향 커뮤니케이션이 대세", <스타뉴스>, 2007년 11월 14일자.

193 KBS-2TV <개그콘서트>, 2006년 8월 27일~2007년 3월 25일까지 방영.

194 "마빡이가 '쌍방향 개그 시대' 열었다, 네티즌들 새로운 동작과 아이디어로 동영상 만들기 붐… 정치 · 연예계로 확산", <스포츠조선>, 2007년 3월 19일자.

195 SBS-TV, <신동엽의 있다! 없다?>, 2005년 11월 4일~현재까지 방영.

196 위의 프로그램, 홈페이지 참고(http://tv.sbs.co.kr/sbsu/).

197 위의 프로그램, 2007년 10월 26일 방영분.

198 위의 프로그램, 홈페이지 시청자게시판, 2007년 10월 26일.

199 "김하늘, '정신지체가 아니라 지적 장애가 맞는 말이죠!'", <굿데이스포츠>, 2008년 3월 27일자.

200 "뉴스도, 기사도 '쌍방향' 시대, 언론사, 실시간 소통도구 마련… 네트워크 효과 극대화", <한국기자협회>, 2007년 8월 29일자.

201 "이젠 스타와 팬도 쌍방향으로 소통한다", <연합뉴스>, 2008년 1월 24일자.

202 KBS-2TV <개그콘서트>, 2006년 11월 26일 방영분.

203 "대빡이 김대범 '별 것 아닌 삼천빡에 응원까지, 눈물이 납니다'", <뉴스N>, 2006년 11월 30일자.

204 "풍선서 광클까지, 팬클럽은 진화중", <스포츠한국>, 2007년 12월 13일자.

205 MBC-TV <생방송 오늘아침>, 명품정도는 돼야! 10대들의 왜곡된 스타사랑 편, 2007년 1월 26일 방영분.

206 "주주가 된 팬클럽", <서울경제신문>, 2008년 3월 25일자.

207 김열규, 『고독한 호모디지털(사이버토피아를 꿈꾸는 인간의 자화상)』(한길사, 2002).

208 "현대미술은 대중의 참여에 따라 내용 달라져", <조선닷컴>, 2008년 10월 13일자.

209 "3월 7일 잠실운동장 내에서 200일간 개최 모나리자와 대화하고 미켈란젤로가 직접 작품 설명하는 미술전시회", <뉴스타운>, 2008년 2월 22일자.

210 "'안 트리오', 불우청소년 초청공연", <매일경제>, 2004년 3월 24일자.

211 '안 트리오'는 쌍둥이 마리아(첫째, 33. 첼로)와 루시아(둘째, 33. 피아노) 그리고 동생 안젤라(막내, 31. 바이올린) 세 자매로 구성된 3중주로 뉴욕을 중심으로 활동하고 있는 세계적인 연주자이다.

212 3중주단 '안트리오'의 청소년들을 위한 사랑의 음악회, 호암아트홀, 2004년 3월 31일.

213 "톡톡 튀는 세자매 그룹 '안 트리오'", <매일경제>, 2002년 09월 27일자.

214 물이나 공기처럼 시공을 초월해 '언제 어디에나 존재한다'는 뜻의 라틴어(語)로 1988년 미국의 사무용 복사기 제조회사인 제록스의 와이저(Mark Weiser)가 '유비쿼터스 컴퓨팅'이라는 용어를 사용하면서 처음으로 등장했다.

215 이홍주, 이장욱, 『유비쿼터스 혁명』(이코북, 2004).

216 안재욱은 여전히 연기자로 엄정화는 여전히 가수로의 인식이 주된 것으로 그들을 만능엔터테이너로서 인식한 것은 아니었다.

217 "탤런트의 가수 변신은 무죄?", <국민일보>, 2003년 1월 26일자.

218 "변신하는 가수, 위협받는 탤런트", <경향신문>, 2004년 11월 4일자.

219 위의 기사.

220 "윤은혜, 가수 출신 연기자의 편견 깼다", <OSEN>, 2007년 8월 29일자.

221 "오만석-윤은혜 찰떡 호흡, 포도밭 그 사나이", <TV REPORT>, 2006년 12월 26일자.

222 "뭐라고 불러야 하나?… 만능 엔터테이너 전성시대", <데일리안>, 2007년 1월 21일자.

223 위의 기사.

224 KBS-2TV <상상플러스>, "올드앤뉴" 27회, 2005년 5월 10일~현재까지 방영중.

225 "車부자 월드컵해설 뒤에 김성주 아나운서 있었네", <헤럴드경제>, 2006년 6월 20일자.

226 "아나테인먼트의 선두주자들", <데일리안신문>, 2007년 10월 10일자. '오! 내 사랑~' 아나운서가 낯설지 않은 시대가 됐다.

227 "'아나테이너' 정체성 찾아간 2007년", <헤럴드경제>, 2007년 12월 26일자.

228 "아나운서 프리 선언… 누구 탓을 하리오", <주간한국>, 2007년 3월 7일자.

229 필자는 토론자로 참여해서, 모든 개념과 정의가 해체되고 융화되는 21세기 아나운서의 정체성을 일정한 틀로 정의하는 것은 불가능하다는 의견을 피력했다.

230 최봉, 『한국 주력산업의 경쟁력 분석』(삼성경제연구소, 2002), p.499.

231 안종배, 『나비효과 디지털 마케팅』(미래의 창, 2004), p.216.

232 요한 호이징가, 김윤수 역, 『호모루덴스』(까치글방, 1998), p.7.

233 KBS 외주제작팀 제작위원 김상근(58) PD는 「텔레비전 탈장르 프로그램의 제작 과정 특성에 관한 연구-KBS-2TV '스펀지'를 중심으로」라는 주제로 2006년 2월 한국외국어대 신문방송학과 박사 학위를 받았다.

234 "'베바', 음악+영상+스토리가 화음을 만들다①", 2008년 10월 15일자.

235 "옷만 갈아입는 '원작만화 드라마' 평가 엇갈려", <경향신문>, 2008년 1월 20일자.

236 최혜실 외, 『문화산업과 스토리텔링』(다할미디어, 2007), pp.17~19.

237 "퓨전음식점 전성시대", <매경이코노미>, 2006년 7월 5일자.

238 "퓨전 요리에 대한 몇 가지 생각", <국민일보>, 2000년 5월 14일자.

239 "주상복합, 호텔 안 부럽다", <동아일보>, 2006년 12월 6일자.

240 페터 보르샤이트, 두행숙역, 『템포 바이러스』(들녘, 2008) 참고.
241 "잘 생겨야 돈 잘 번다! 직장인 외모콤플렉스", <스포츠서울>, 2008년 5월 12일자.
242 김민주 · 이마스(emars), 『앞으로 3년, 대한민국 트렌드』(한스미디어, 2007), p.115.
243 <MBC 100분 토론>, "2005년 8월 11일에 몸의 시대, 살빼기 성형열풍"이란 주제로 성형에 대한 찬반 토론이 이루어졌다.
244 "연예인 성형고백, 자연산 그리고 거짓말", 출전 2008년 1월 9일.
245 "알바생 절반 이상 '외모 때문에 불이익 당해'", <K모바일>, 2008년 4월 15일자.
246 "상근이를 캐릭터로 띄운 건 누구?", <OSEN>, 2008년 2월 20일자.
247 주철환, "'소통의 달인' 최고 인기 MC 유재석", <중앙일보>, 2008년 6월 17일자.
248 YTN 라디오 <출발새아침>의 <김연수의 문화이슈>(2008.7.10)에서 필자는 지금은 케릭터 시대라는 주제로 논함.
249 "연예인 브랜드 상품 '전성시대'", <한국일보>, 2008년 1월 14일자.
250 "'기부천사' 김장훈, 콘서트 매진 '기염'", <데일리 서프라이즈>, 2008년 3월 21일자.
251 "1박2일, 무도, 패밀리 결정적 차이? …7멤버 일반인", <마이데일리신문>, 2008년 7월 7일자.
252 SBS-TV <열린TV시청자 세상> "줌인 포커스", 김연수의 <패밀리가 떴다>에 관한 방송비평, 2008년 7월 5일 방영분.
253 "드라마, CF까지 장악한 거침없는 '쌩얼' 열풍", <연합뉴스>, 2006년 7월 16일자.
254 "2007년 성형 트랜드와 성공비결, 미스코리아 심사위원부터 인기 케이블TV 출연까지", <노컷뉴스>, 2007년 2월 28일자.
255 "쌩얼, 노출 열풍 옥션 강타", <코스메틱매니아뉴스>, 2007년 12월 5일자.
256 "화끈한 노출패션, 내년 봄,여름 거리 점령", <동아닷컴 월드뉴스>, 2008년 10월 9일자.
257 "미니스커트와 튜브톱 거리를 활보하다", <주간동아>, 2008년 8월 1일자.
258 "시상식의 달, 레드카펫에 뜨거운 노출경쟁", <스포츠 서울>, 2008년 12월 8일자.
259 "'에로티시즘' 사극, 흥행은 계속된다", <연합뉴스>, 2009년 1월 5일자.
260 "박시연 김옥빈, 그들의 베드신 수위는?", <스타뉴스>, 2009년 1월 8일자.
261 김영한 외, 『웰빙마케팅』(다산북스, 2004), p.23, 영어의 'Well-being'이란 말의 유래는 정확하지 않지만 그 근원은 60~70년대 미국 히피이즘과 연관성이 있다는 분석이 지배적이다. 웰빙의 대표적인 문화적 코드인 요가붐이나 명상은 60년대와 70년대 초미국의 히피들에 의해 크게 유행했고 80년대 여피(yuppie)족과 90년대 보보스족의 라이프 스타일에도 웰빙은 중요한 요소였다.
262 "TV 웰빙프로는 간접광고판?", <서울신문>, 2005년 12월 21일자.
263 SBS-TV <열린TV 시청자세상> "줌인포커스", 김연수의 <거꾸로 하우스>에 관한 방송비평, 2008년 4월 12일 방영분.
264 시마 노부히코, 이왕돈, 송진명 역, 『돈 버는 감성-기업을 살리고, 지역을 살리는』(GenBook, 2008).
265 "신입사원이 탄생시킨 초콜릿폰-광고대행사 크리에이티브에어 신입사원 아이디어, LG전자 찬반논란 끝에 애칭 채택, 대박 터트려", <이데일리>, 2006년 3월 15일자.
266 권두언, 「IT산업 정보화 시대를 넘어 감성의 시대로」(FKII DIGITAL 365 한국정보산업연합회 2008권 3호).
267 "李대통령 라디오연설 '감성적 접근' 눈길", <뉴시스>, 2008년 10월 13일자.
268 "노골적 소재-자극적 노출 기가막혀", <스포츠조선>, 2007년 3월 22일자.
269 "교권이 무너진다", <매일경제>, 2007년 3월 27일자.
270 "인터넷 익명성…디지털 마오이즘으로 흘러", <매일경제>, 2008년 10월 19일자.
271 "대학생 16% "악플 달아본 적 있어요"", <경향신문>, 2008년 10월 12일자.
272 한국이 아시아 · 태평양지역 주요 국가들 중 인터넷을 이용하는 인구 비율이 가장 높은 것으로 조사됐다. 인터넷 시장조사업체인 콤스코어(Comscore)는 10일 보도자료에서 한국인의 인터넷 사용률이 전체 인구 대비 65%라고 밝혔다. "사용인구 비율 65%, 亞

太 10개국 중 최고…한국 역시 인터넷 강국", <세계일보>, 2007년 7월 11일자.

273 "촛불집회 발언 정선희, 3개 프로 잠정 하차 일부선 마녀사냥이다", <조선닷컴>, 2008년 6월 6일자.

274 "안재환 자살에 인터넷은 '반성 모드' 네티즌, 라디오 하차시위, 불매운동, 홈피 악플까지… 씁쓸하다", "영화제작 자금난에 세네린 화장품 불매운동으로 타격받아", <뉴데일리>, 2008년 9월 9일자.

275 "백양은 죽어라, 또 인터넷 마녀사냥… 최진영 미니홈피서 사과 요구에 촉발", <조선닷컴>, 2008년 10월 14일자.

276 YTN 라디오 <출발 새아침> 김연수의 문화이슈, 2008년 7월 24일 방영분.

277 "102년 한국영화사의 상징 단성사, 치욕의 날-극장 운영은 문제없어, 단성사 건물주 부도처리", <노컷뉴스>, 2008년 9월 24일자.

278 "개인기를 앞세운 멀티형 가수 뜬다", <해럴드경제>, 2007년 2월 19일자.

279 YTN STAR <김연수 교수의 뚜껑뉴스> '가수'스럽지 않은 가수활동, 2008년 6월 9일 방영분.

280 "가수 이중성? 출연료 인상요구 VS 돈상납 출연", <마이데일리>, 2008년 8월 30일자.

281 "금요성형族이 늘어난다", <헤럴드경제>, 2006년 2월 17일자.

282 "예쁜다리, 전신성형 시술 중 사망·뇌사 잇따라…마취의 아닌 성형의들 직접 전신마취 아슬아슬", <한겨레신문>, 2008년 4월 16일자.

283 SBS-TV <8시 뉴스>, 성형부작용 피해자 뭉쳤다…공동소송 첫 승소, 2008년 12월 15일 방영분.

284 "방송용 이미지 콘셉트의 득과 실, 그 이중성", <마이데일리>, 2008년 11월 30일자.

285 "[앨범토크] 유니, 데뷔부터 죽음까지 한 많은 연예생활", <스포츠서울>, 2007년 1월 23일자.

286 "홈쇼핑 연예인 브랜드 허와 실-연예인의 인지도로 홍보효과 노려", <이투데이>, 2008년 10월 23일자.

287 "방송3사 예능국 고민, '리얼' + ( ) = ?", <PD저널>, 2008년 12월 9일자.

288 "유권자 눈물샘 자극 감성홍보 부활", <파이낸셜 뉴스>, 2007년 11월 28일자.

289 "2008 연예계 10대뉴스⑦ 김장훈·문근영 등 선행 릴레이에 '훈훈'", <한국재경신문>, 2008년 12월 24일자.

대중문화 이유있는 편들기

2009년 5월 13일 초판1쇄 발행
2010년 12월 13일 초판2쇄 발행

지 은 이 | 김 연 수
펴 낸 이 | 박 성 복
펴 낸 곳 | 도서출판 연극과인간
출판등록 | 제6-0480호
등록일자 | 2000년 2월 7일
주 소 | 서울시 강북구 수유2동 252-9
전화 (02) 912-5000
팩스 (02) 900-5036
http://www.worin.net worinnet@hanmail.net

ISBN | 978-89-5786-299-5 03300

* 저자와의 협의에 의해 인지는 붙이지 않습니다.
* 가격은 뒤표지에 있습니다.
* 잘못된 책은 바꾸어 드립니다.